日本史のなかの神奈川県

谷口肇 編

高徳院銅造阿弥陀如来坐像(鎌倉市。編者提供)国宝

山川出版社

神奈川県の関連略年表

時代	年代	事項
旧石器	2万1000年前頃	相模野台地に人々が居住する(田名向原遺跡など)
	2万年前頃	ナイフ形石器の使用が始まる(月見野遺跡など)
縄文	1万年前頃	沿岸部に貝塚が形成されはじめる(夏島貝塚など)
	5000年前頃	立体的に装飾された土器がつくられる(勝坂遺跡など)
	4000年前頃	柄鏡形敷石住居があらわれる(寸沢嵐石器時代遺跡など)
弥生	2500年前頃	農耕文化が伝播する(平沢同明遺跡など)
	2200年前頃	環濠集落が造られはじめる(大塚・歳勝土遺跡など)
		海蝕洞穴の利用が始まる(毘沙門洞穴遺跡など)
古墳	350頃	前方後円墳が造られはじめる(長柄桜山古墳など)
	600頃	横穴・小型古墳群が造られる(市ヶ尾横穴古墳群など)
	675(天武4)	「相模国」の初見(『日本書紀』天武四年十月庚寅条)
奈良	735(天平7)	『相模国封戸租交易帳』がつくられる
	743(天平15)	秦井手乙麻呂が相模守になる
平安	899(昌泰2)	足柄坂に関所が設けられる
	1117(永久5)	鎌倉景政が大庭御厨を伊勢神宮に寄進する
	1180(治承4)	源頼朝が挙兵するが石橋山で平家方に敗れる(石橋山の戦い)
鎌倉	1185(文治元)	源頼朝が守護・地頭を設置する(鎌倉幕府の成立)
	1213(建保元)	和田義盛が北条氏と鎌倉で戦う(和田合戦)
	1219(承久元)	源実朝が鶴岡八幡宮(寺)で公暁に殺害される
	1282(弘安5)	北条時宗が円覚寺を建てる
	1333(正慶2/元弘3)	新田義貞が鎌倉を攻め、北条一族が自害(鎌倉幕府滅亡)

勝坂遺跡公園 笹葺きの復元住居
(相模原市教育委員会提供)国史

時代	年	出来事
室町	1438(永享10)	鎌倉公方足利持氏が室町幕府に反乱を起こす(永享の乱)
	1454(享徳3)	鎌倉公方足利成氏が関東管領上杉憲忠を謀殺する(享徳の乱)
	1495(明応4)	伊勢宗瑞が小田原城を奪取する
	1516(永正13)	伊勢宗瑞が三浦義同を滅ぼし、相模国を平定する
安土・桃山	1587(天正15)	北条氏政が小田原城の整備に着手、総構が構築される
	1590(天正18)	豊臣秀吉による小田原攻めで後北条氏が滅亡する
江戸	1619(元和5)	江戸幕府が箱根に関所を置く
	1707(宝永4)	富士山大噴火により小田原などで大被害を受ける
	1810(文化7)	八隅蘆庵が『旅行用心集』を著し、箱根温泉などを紹介する
	1853(嘉永6)	ペリーが浦賀に来航し、久里浜に上陸する
	1859(安政6)	横浜が開港する
	1862(文久2)	イギリス人一行が薩摩藩士に斬られる(生麦事件)
明治	1871(明治4)	廃藩置県により神奈川県と足柄県が誕生する
	1872(明治5)	横浜ー新橋間に日本初の鉄道が開通する
	1876(明治9)	足柄県が廃止され、旧相模国は神奈川県に編入
	1884(明治17)	横浜の海軍鎮守府が横須賀に移される
	1893(明治26)	三多摩郡(西多摩・南多摩・北多摩)が東京府へ移管される
大正	1923(大正12)	関東大震災が発生、県土が大きな被害を受ける
昭和	1930(昭和5)	山下公園が開園する
	1945(昭和20)	横浜ほか県内各地が米軍による空襲を受ける
	1951(昭和26)	神奈川県立近代美術館が開館する
平成	1993(平成5)	横浜ランドマークタワーが竣工する

葛飾北斎「冨嶽三十六景 相州江の島」(電子博物館みゆネット藤沢提供)

東京湾第三海堡構造物(横須賀市。編者提供) **県指定**

日本史のなかの神奈川県 目次

神奈川県の歴史講義

コラム
もっと知りたい！
深掘り神奈川県史

本書の凡例：本書に登場する明治5年以前の月日は、旧暦のものです。
文化財の種別について、左記のように略しています。
国宝 国宝　重文 重要文化財　国史 国史跡　国名 国名勝
国天 国天然記念物　登録 国登録有形文化財　特史 特別史跡
県指定 県指定文化財　市指定 市指定文化財　町指定 町指定文化財

はじめに——神奈川県の風土と人間

神奈川県のすがた

本書は、神奈川県の多様な史跡・文化財を材料として、この地で繰り広げられた多彩な歴史や文化を学ぶことをテーマとしている。まずは地形・地質を概観し、原始からの県域の歩みをみてみよう。

神奈川県は、日本列島の本土太平洋側のほぼ中央、関東地方南西部に位置する。旧国では相模国《さがみのくに》と多摩川《たまがわ》以南の武蔵国《むさしのくに》にあたる。北西から南西は丹沢《たんざわ》と箱根《はこね》の山々に囲まれ、南と東は相模湾および東京湾に面し、北東は多摩川を県境とする。面積は、約二四〇〇平方キロであり、四七都道府県のなかでは四三番目と広くはないが、その地形・地質は変化に富む。まず、箱根山と富士山《ふじさん》の火山灰は「関東ローム層」として県土を厚く覆い、相模野台地などの安定した台地基盤層を形成する。箱根や丹沢山塊を水源とする河川が運んだ土砂が湘南《しょうなん》海岸の砂丘地形を生み出す。一方で、横浜南部から三浦半島一帯では、かつての海底が隆起した丘陵地形が樹枝状に開析《かいせき》され、沿岸部では複雑な海岸線を形づくる。このような台地や砂丘、河川や海の沿岸部をおもな舞台として、「かながわ」地域史が展開される。

神奈川県の歴史の三大トピック

神奈川県域において日本史上のトピックとして特筆される出来事は、一般にはおよそ次の三場面とされる。

鎌倉における武家政権の誕生、小田原《おだわら》開城による戦国時代の終結、そして近代化の出発点となる横浜開港である。いずれもほかの地域の集団、勢力との政治的な関係、交渉により歴史が転換する舞台となった。実際は、ほかの各時代においても、各方面とのさまざまな関係や時々の自然環境の変転のなかで独特の地域史が積み重なっていったのであり、それこそが神奈川県の歴史の特質といえよう。

原始から古代へ

神奈川県では、およそ三万四〇〇〇年前の旧石器時代から人間の活動が確認されるが、関東ローム層から出土する石器には、信州などから持ち込まれた黒曜石が認められる。また土器の使用が始まった縄文時代にも日本海側で産出する翡翠《ひすい》が出土するなど、原始からすでに遠隔地との交流がうかがえる。弥生時代には西方から農耕文化が伝播《でんぱ》するが、それが時

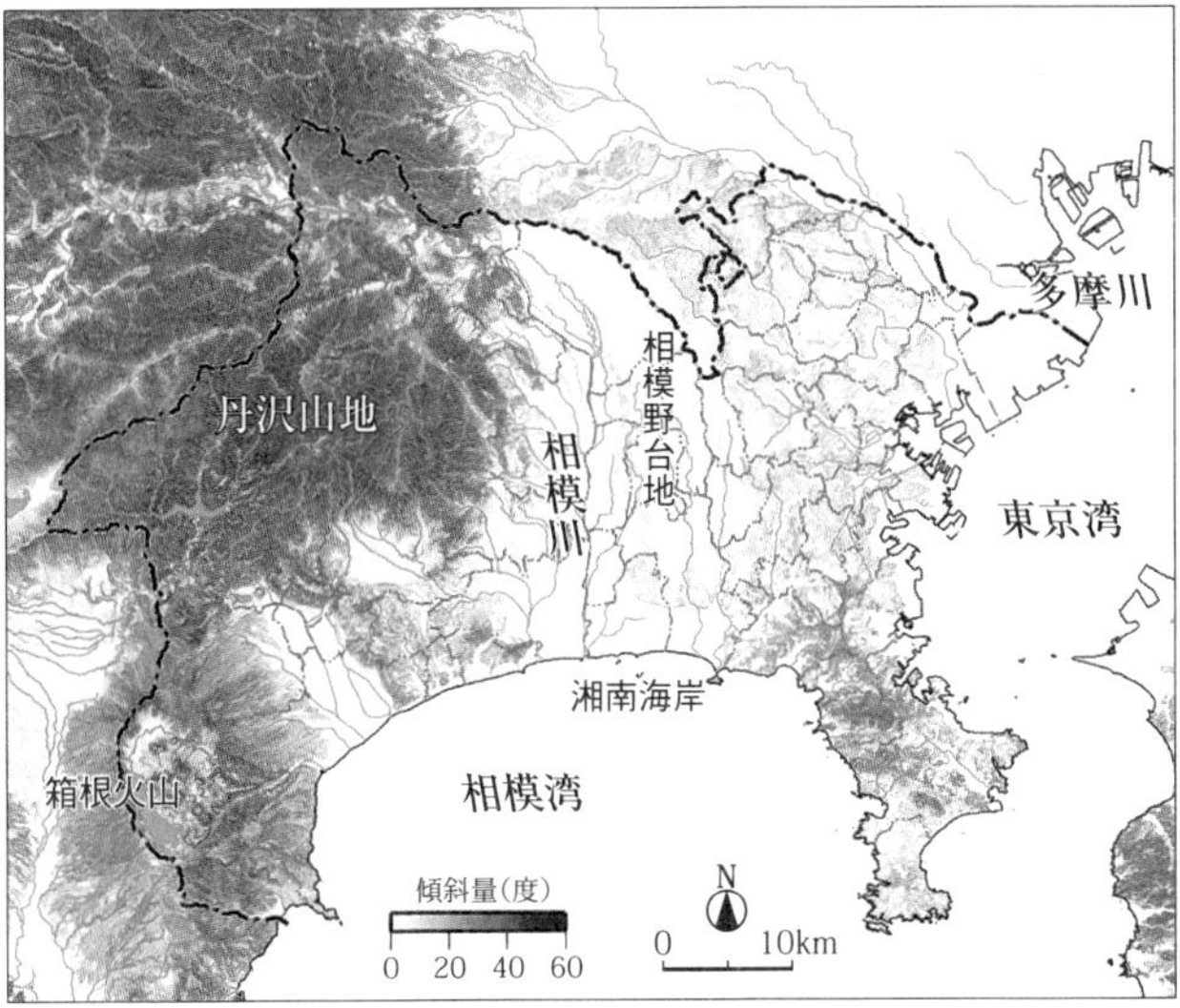

神奈川県の地形(神奈川県立生命の星・地球博物館提供)

に遠隔地からの直接的な影響を受けるなど、特殊な事情もうかがえる。古墳時代は関東他地域に比較すると、大型前方後円墳も少なく地味な印象だが、畿内ヤマト政権の影響は確実に及び、古代律令制下における全国的な国府―郡家《ぐうけ》による地方支配に引き継がれる。平安時代には、平将門《たいらのまさかど》の乱における相模支配など動揺もあったが、その後、在地武士が台頭していくなかで、源頼義《みなもとのよりよし》・義家《よしいえ》父子による源氏勢力の扶植もみられた。

鎌倉から始まる武家政権

成長した在地武士勢力に支えられた源頼朝《よりとも》が一二世紀末に鎌倉幕府を打ち立てて以降、一四世紀前半の幕府滅亡後も室町幕府の鎌倉府の衰退後も、一九世紀半ばまで続く武家政権の聖地、禅宗文化の聖地として、鎌倉は独特の存在感を日本史上にとどめつづける。

戦国時代には、一転して西方から侵入した伊勢《いせ》氏(後北条《ごほうじょう》氏)が小田原を中心に関東に覇を唱え、鎌倉公方《くぼう》から関東支配を奪取するが、豊臣秀吉《とよとみひでよし》による小田原開城が戦国時代の幕引きとなった。近世には、小田原城が東海道筋の江戸防御の要として重視される一方、太平の世の中、江戸庶民による、大山《おおやま》―江《え》の島《しま》―鎌倉―金沢八景《かなざわはっけい》という名所旧跡巡りが盛んになり、現代にまで引き継がれている。

横浜開港以降近代の変転

幕末のペリー率いる黒船の浦賀《うらが》来航から横浜開港に至る開国関連の出来事は、神奈川県が重要な舞台であり、明治期の近代化に係るさまざまな情報はまさに横浜が発信地となった。その後、横浜の輸出入関連産業や横須賀の軍需工業都市としての発展を背景に県は発展を続け、三浦半島沿岸には砲台などの防衛施設も設けられた。そのなかで、湘南から鎌倉方面は温暖な保養地、箱根は避暑地としての評価も定着したが、関東大震災および第二次世界大戦時の空襲によって、県土は大きな被害を受ける。なお、大戦末期に県内各地で築かれた大小の地下壕《ちかごう》のなかには、今では戦時を語る貴重な遺構と評価されるものもある。

現代から将来へ

戦後の神奈川県は、震災・戦災の二度の痛手から着実に復興を遂げるが、その象徴として時の県知事内山岩太郎が建設を推進した文化施設は、日本伝統の様式ではなくグローバルな「モダニズム建築」であり、今日では歴史的な価値が認められて文化財に指定されている。現代は、高度成長期に整備された新幹線、高速道路建設を象徴とする各種交通・流通網、ニュータウンに代表される住宅開発などが代替わり的修繕・建替の時期を迎える一方、重工業の発展を象徴する京浜《けいひん》コンビナートの幻想的な「工場夜景」が人気を博するなど、現代ならではの「名勝地」も生まれてきた。そうしたなかで、つねに開発の影響にさらされてきた文化遺産の保護にも真剣に取り組む市民意識が醸成されてきた。先人から受け継いだ貴重な財産をどのように将来に継承していくのか、考えていかねばならない。

（谷口）

京浜コンビナートの工場夜景（川崎市観光協会提供）

相模川が育んだ先史の史跡の数々
田名向原、勝坂、寸沢嵐石器時代遺跡

相模川《さがみがわ》を遡った県北部、津久《つく》井《い》地域も含む現在の相模原市域には、左岸に段丘地形が発達し、右岸に丹沢山地が迫る。その相模川周辺にいずれも特徴のある先史時代の国史跡が分布する。旧石器時代住居状遺構で知られる田名向原《たなむかいはら》遺跡、関東縄文時代中期の代名詞である勝坂《かっさか》遺跡、そして戦前に地元の人々によって自主的に整備がなされた寸沢嵐《すあらし》石器時代遺跡である。（谷口）

史跡《しせき》勝坂《かっさか》遺跡《いせき》の遺構《いこう》復元《ふくげん》整備《せいび》

勝坂遺跡は、関東縄文時代中期「勝坂式土器」の標式遺跡。史跡公園では、笹葺《ささぶ》き、土葺き、型取り復元した敷石住居、さらに埋もれかけたままの状態など、さまざまな竪穴《たてあな》住居の整備バリエーションが見学できる（相模原市教育委員会提供）。国史

史跡《しせき》田名《たな》向原《むかいはら》遺跡《いせき》の住居状《じゅうきょじょう》遺構《いこう》

現在、日本最古である約２万年前の後期旧石器時代の住居状遺構を、現地の遺跡公園で復元展示している。旧石器時代学習館も併設され、旧石器文化を総合的に学ぶことができる（相模原市教育委員会提供）。国史

史跡《しせき》寸沢嵐《すあらし》石器《せっき》時代《じだい》遺跡《いせき》の覆屋《おおいや》と敷石《しきいし》住居《じゅうきょ》

旧内郷《うちごう》村で見つかった縄文時代後期の敷石住居の上に覆屋が建てられたのは1932年（昭和７）のこと。地元の人々が遺跡を守るためにこの瀟洒《しょうしゃ》な「お堂」を自分たちでつくったのだ。なお、「石器時代遺跡」とは、縄文時代遺跡の戦前の呼び方（相模原市教育委員会提供）。国史

弥生史跡整備の先輩と後輩
三殿台遺跡と大塚・歳勝土遺跡

横浜市には、全国に知られた国史跡の弥生遺跡公園が新旧二カ所ある。一九六〇年代整備の磯子《いそご》区三殿台《さんとのだい》遺跡では、復元竪《たて》穴《あな》住居や遺構表面表示、覆屋《おおいや》内の遺構保存など、当時のスタンダードな整備がなされ、一九九〇年代整備の都筑《つづき》区大塚《おおつか》・歳勝《さいかち》土《ど》遺跡では、新たに遺構の露出復元展示や本格的な歴史博物館の併設などアップデートした姿を見ることができる。（谷口）

大塚《おおつか》・歳勝土《さいかちど》遺跡《いせき》の復元《ふくげん》住居《じゅうきょ》内部《ないぶ》

1996年（平成8）に開園した大塚・歳勝土遺跡公園では、三殿台遺跡からより進んだ整備手法を採用している。竪穴住居、方形周溝墓に加え柵列を巡らせた環濠《かんごう》など、調査にもとづいた遺構の復元展示が特徴である。上屋《うわや》を復元した竪穴住居に入ると意外に広いことがわかるだろう。ここに何人の弥生家族が暮らしていたのだろうか（筆者提供、見開きすべて）。国史

三殿台《さんとのだい》遺跡《いせき》の復元住居《ふくげんじゅうきょ》、住居址《じゅうきょあと》保護棟《ほごとう》、遺構表面表示《いこうひょうめんひょうじ》

1967年(昭和42)に整備、公開。保護棟は大岡実《おおおかみのる》(川崎大師本堂など)設計で、著名な建築家と史跡整備のコラボとしても先駆的事例である。丘陵頂部の立地のため、見晴らしが良く、3月と9月には「ダイヤモンド富士」を見ることができる。国史

大塚《おおつか》・歳勝土《さいかちど》遺跡《いせき》の復元《ふくげん》方形周溝墓《ほうけいしゅうこうぼ》(左)と復元高床式倉庫《たかゆかしきそうこ》

古代仏教文化の受容と浸透　初期地方寺院から相模国分寺へ

古代神奈川県域への仏教文化の伝《でん》播《ぱ》は、律令政府の地方支配進行と軌を一にしていた。七世紀後半から八世紀初頭、役所である「評家《ひょうけ》」「郡《ぐう》家《け》」に近接して初期古代寺院が建立される。一方で、八世紀中頃の相模国分寺・国分尼寺は、相模国府（大住《おおすみ》郡、現在の平塚市）から相模川を挟んで東側の高座《こうざ》郡（現在の海老名市）に設置される。郡レベルと国レベルとでの役所と寺院の関係の違いがうかがえよう。（谷口）

海《え》老《び》名《な》市《し》温《おん》故《こ》館《かん》

相模国分寺跡の西側には、旧海老名村役場庁舎が移築され、海老名市立郷土資料館「海老名市温故館」として開館した。相模国分寺をはじめとした海老名の歴史を学ぶことができる（筆者提供）。登録

史跡《しせき》相模《さがみ》国分寺《こくぶんじ》跡《あと》整備《せいび》状況《じょうきょう》

1921年(大正10)3月、神奈川県の国史跡指定第１号、全国の国分寺跡でも最初の指定。当時は礎石《そせき》が見え隠れする草地だったが、現在は、全国的にもまれな法隆寺式伽藍《がらん》の建物基壇復元(七重塔)をはじめ、広く公園整備されている(海老名市。筆者提供)。国史

弘明寺《ぐみょうじ》

奈良時代開創と伝わる横浜最古の寺院。古代武蔵《むさし》国久良《くらき》郡との関係が指摘され、付近に古代「久良郡家」が存在する可能性もある。古代東国に特徴的な「鉈《なた》彫り」の十一面観音菩薩立像《じゅういちめんかんのんぼさつりゅうぞう》(国重文)を本尊とする(筆者提供)。

影向寺《ようごうじ》

奈良時代建立と伝える川崎最古の寺院。古代の基壇の上に江戸時代の薬師堂(県重文)が建つ。本尊の薬師如来三尊像《やくしにょらいさんぞんぞう》(平安時代)は、川崎市内でもっとも古い、1900年(明治33)国重文指定(川崎市教育委員会提供)。

源頼朝が開いた古都鎌倉 人々を惹きつける武家の聖地、鶴岡八幡宮

古都鎌倉の象徴として、おおぜいの参拝者でにぎわう鶴岡八幡宮《つるがおかはちまんぐう》。源《みなもとの》　頼朝《よりとも》により、由比《ゆい》ヶ浜《がはま》辺の鶴岡宮(現在の由比若宮《ゆいわかみや》)から、鎌倉の中心である大臣山《だいじんやま》の麓へ遷《うつ》されたのは一二世紀末。頼朝が源氏の氏神として深く崇敬し、以降、徳川将軍に至るまで歴代の武家政権から篤《あつ》い崇敬を受けた。海岸まで続く参道の「段葛《だんかずら》」は鎌倉の中軸でもある。周辺には頼朝ゆかりの社寺も多く見られる。　(谷口)

鶴岡八幡宮《つるがおかはちまんぐう》の石垣《いしがき》

正面大石段左右の石垣には、江戸城のような石材分割の「矢穴《やあな》」や「刻印《こくいん》」が残るものもあり、設置は江戸幕府による社殿整備が行われた寛永《かんえい》期(一六三〇年代)の可能性がある。両端の角石は近世城郭同様の「算木積《さんぎづ》み」。鶴岡八幡宮は「城」の風格も備えている(筆者提供)。

鶴岡八幡宮《つるがおかはちまんぐう》

（鶴岡八幡宮提供） 国史

由比若宮《ゆいわかみや》

鶴岡八幡宮の南方由比ヶ浜の近くにある。源頼義《よりよし》が11世紀に前九年《ぜんくねん》合戦の戦勝を祈願して、京都の石清水《いわしみず》八幡宮を勧請《かんじょう》したことに始まる。相模湾沿岸の砂丘地には中世以前の創建と伝える古社が多いが、そのうちのこの一社が中世「鎌倉」を生み出す（筆者提供、右も同）。

佐助稲荷神社《さすけいなりじんじゃ》

鶴岡八幡宮の西方、約1.5キロの山腹にある。元は鶴岡八幡宮の境外摂社《けいがいせっしゃ》。頼朝が畠山重忠《はたけやましげただ》に命じて整備させたと伝わる。本家伏見《ふしみ》稲荷ほどではないが、こちらの「千本鳥居」もなかなかのもの。

秀吉を迎え撃つ総構
小田原城VS石垣山城の対峙と戦国時代

戦国関東に覇を唱えた小田原《おだわら》北条《ほうじょう》氏。戦国最終決戦である豊臣秀吉《とよとみひでよし》の小田原攻めを前に本拠地小田原城の城下町まで取り囲む「総構《そうがまえ》」の設置をはじめ、各支城の堀を深く掘り直すなど防備を徹底。それを見た秀吉は石垣山《いしがきやま》に城を築き、小田原城を包囲した。万策尽きた小田原城はついに開城、攻め落とされないまま自ら戦国の幕を引いた。

（谷口）

国史

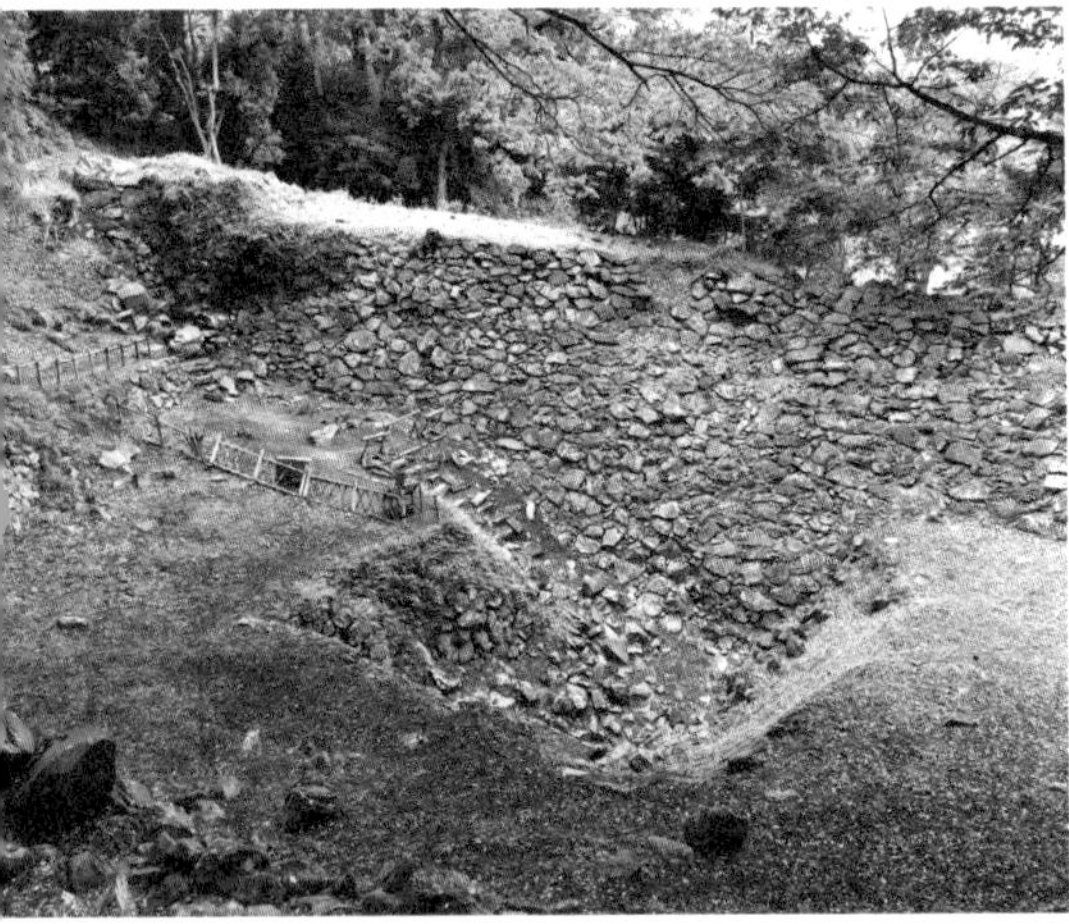

史跡《しせき》石垣山《いしがきやま》の井戸曲輪《いどくるわ》

小田原城の南西約３キロ、箱根山から続く尾根上に秀吉が構えた石垣山城は、築城後の伐採で突然現れたように見えたという言い伝えから「一夜城」の異名がある。とくに東側の井戸曲輪は、周囲を野面積《のづらづ》みの大規模な石垣に取り囲まれ、戦時における臨時の城とはとても思えない迫力（佐々木健策提供）。国史

戦国《せんごく》の小田原城《おだわらじょう》と総構《そうがまえ》

戦国期小田原城は、現在の江戸期小田原城北西側の丘陵上(八幡山《はちまんやま》)の山城を中心に広大な総構を形成したとされていたが、近年の発掘調査で、平地側でも戦国期の屋敷跡など重要遺構の存在が明らかになってきた。今後の本格的史跡整備が期待される(小田原市教育委員会提供)。

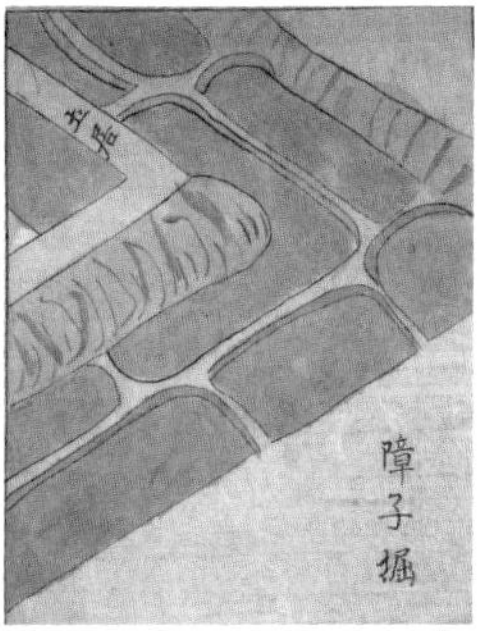

軍学者《ぐんがくしゃ》の描《えが》く障子堀《しょうじぼり》　発掘《はっくつ》された小田原城《おだわらじょう》総構《そうがまえ》の障子堀《しょうじぼり》(伝肇寺西《でんじょうじにし》第1地点)

傾斜地でも堀を水堀《みずぼり》とし、敵兵の動きを封じるために障壁を掘り残した堀。戦国期に発達。小田原開城後に訪れた伊達政宗《だてまさむね》は、その縄張《なわば》りの堅固さに驚いたという(左:東京都立中央図書館特別文庫室所蔵、右:佐々木健策提供)。

天下太平の江戸時代、関東の「関」はここだ 人々が行き交う箱根関所と東海道

一七世紀初頭、政治の本拠が江戸に移ると、幕府は江戸を中心とした交通網、いわゆる「五街道」の整備に着手。神奈川県域を通る東海道には一〇カ所の宿場町と一里(約四キロ)おきの「一里塚」が置かれ、さらに江戸防衛のために箱根山中の芦ノ《あしの》湖《こ》のほとりに関所が設置された。近年建物が復元され、多くの観光客が訪れている。

（谷口）

品濃一里塚《しなのいちりづか》

神奈川県内の東海道に今でも残る一里塚は、史跡箱根旧街道内の箱根町畑宿《はたじゅく》のものが知られるが、横浜市戸塚区のJR東戸塚駅東方には「品濃一里塚」がひっそりとたたずむ。道の左右に一対がそろって保存されている畑宿以外の唯一の例(筆者提供、見開きすべて)。

県指定

復元《ふくげん》された箱根関所《はこねせきしょ》

箱根関所は、大正時代に国史跡指定されたが、長らく復元整備は正確ではなかった。それが1983年(昭和58)に発見された幕末の韮山代官《にらやまだいかん》江川太郎左衛門《えがわたろうざえもん》が行った詳細な修理記録にもとづき、すべての建物が忠実に復元され、2007年(平成19)に公開された。まるで江戸時代の関所を目にするようである。国史

復元《ふくげん》された遠見番所《とおみばんしょ》

箱根関所は、芦ノ湖の南東岸、山が湖畔まで迫った東海道のもっとも狭隘《きょうあい》な場所に設置された。見張り台の「遠見番所」に登ると箱根峠まで見渡せられ、この場所が防御上の要地であったことが実感できる。

箱根旧街道杉並木《はこねきゅうかいどうすぎなみき》

箱根山中に残されているかつての東海道、すなわち国史跡「箱根旧街道」で、当時の雰囲気をもっとも伝えているエリアは、芦ノ湖畔の「昼なお暗き」杉並木であろう。現在の国道1号が開通するまでは、ここを車が通行していた。国史

人気の観光地は江戸時代に大評判
大山、江の島、鎌倉、金沢八景

太平の世が続いた江戸時代、世情が安定するにつれて、江戸庶民の間にいわゆる名所旧跡やご利益のある古社寺を訪ね歩く、「観光」への欲求が高まった。東海道筋で出入りの厳しい箱根関所以東の現神奈川県域には、大山、江の島、鎌倉などの「有名観光地」がコンパクトにそろっており、江戸から数日で周遊できることもあって、浮《うき》世《よ》絵《え》にも数多く描かれるなど大変な人気を博した。（谷口）

瀬戸《せと》神社《じんじゃ》（上）と琵琶島《びわじま》

金沢八景《かなざわはっけい》は、江戸時代に中国の僧が金沢六浦《むつら》周辺（現横浜市）の美しい海浜風景を故郷のそれになぞらえて名づけたとされる。現在では埋め立てや開発が進んでしまったが、源頼朝《みなもとのよりとも》が三島大社《みしまたいしゃ》を勧請《かんじょう》したと伝える瀬戸神社やその正面の海上に突き出した琵琶島などにかつての面影が感じられよう（筆者提供）。

大《おお》山《やま》遠《えん》景《けい》

大山は、古来山岳信仰の聖地として信仰を集めていたが、源頼朝が太刀《たち》を奉納したという伝承から江戸庶民の間で木製の太刀(木太刀)を担いでの大山参りが流行した。奉納された木太刀には巨大なものもあり、参拝者のバイタリティーには驚くばかりである(目黒久仁彦撮影)。

江《えの》島《しま》神《じん》社《じゃ》奥《おく》津《つ》宮《みや》前《まえ》の石《いし》鳥《どり》居《い》

江島神社は、厳島《いつくしま》神社と同じ三女神を祭神とするが、「弁天様」として庶民の信仰を集めた。この奥津宮は、3カ所ある社殿のもっとも奥に位置し、手前には源頼朝寄進と伝える石鳥居が立つ(藤沢市。筆者提供)。

二《に》代《だい》歌《うた》川《がわ》豊《とよ》国《くに》
「名《めい》勝《しょう》八《はっ》景《けい》 鎌《かま》倉《くら》晩《ばん》鐘《しょう》」

鎌倉を描いた浮世絵のなかで、鶴岡八幡宮上宮側から遠く房総半島方面を見晴らした珍しい構図である(電子博物館みゆネットふじさわ提供)。

文化財で見る　日本史のなかの神奈川県

東京湾を守る、空襲から守る近代沿岸砲台と戦時の地下壕

黒船来航、薩英《さつえい》戦争、下関《しものせき》戦争といった幕末の苦い経験を反省した明治政府は海防に力を入れ、全国の海峡や湾口沿岸に砲台を設置。東京湾口の三浦半島沿岸には房総半島側と合わせて、数多くの砲台が残されている。一方、第二次世界大戦末期には空襲から地上の施設を地下に移設するための地下壕《ちかごう》がとくに軍事施設周辺に数多く掘削された。近年、戦時の緊迫感を追体験できる戦跡文化財として注目されている。（谷口）

城《じょう》ヶ《が》島《しま》砲《ほう》台《だい》跡《あと》

三浦半島先端の観光地、城ヶ島にもかつて近代砲台が存在した。この駐車場の円形植え込みが、じつは砲座の痕跡。地下壕部分も残る（安全上非公開）。大正〜昭和初期の新しい段階の砲台で、赤レンガは使われず、鉄筋コンクリート造り（筆者提供）。

史跡整備《しせきせいび》された千代ヶ崎砲台跡《ちよがさきほうだいあと》

横須賀市浦賀南東、東京湾を見晴らす小高い丘の上、長らく自衛隊の通信基地で立ち入り禁止だったが、なんと近代の砲台跡がまるまる残っていた。近年、市により史跡として整備、公開された。良く晴れた日に訪れたい(横須賀市教育委員会提供)。国史

東京湾第三海堡構造物《とうきょうわんだいさんかいほうこうぞうぶつ》

横須賀沖の人工島の砲台として明治期に設置工事開始。埋め立て時点で難航、大正期に完成したが数年後に震災で水没、暗礁《あんしょう》と化す。戦後、国が一部を引き揚げ、市内の２カ所に展示された。造ったほうも造ったほうだが、よくぞ引き揚げたものだ(筆者提供、右も同)。県指定

芹沢地下壕《せりざわちかごう》

県央部座間《ざま》市周辺は、第二次世界大戦中に戦闘機製作の海軍工廠《こうしょう》が建設され、同市芹沢には空襲を避けるための地下工場(地下壕)も造られた。現在、市立芹沢公園内に保存。内部はライトアップされ、工廠で製作していた戦闘機「雷電」の模型が置かれている。

神奈川県の歴史講義12章

各時代の特色を専門家が執筆。
魅力あふれる神奈川県の歴史を再発見し、
他地域や世界とのつながりを知る。

旧横浜船渠株式会社第二号船渠（横浜市。青木祐介提供）重文

三殿台遺跡（横浜市。編者提供）国史

箱根関所と芦ノ湖（箱根町。編者提供）国史

1章

山海の恵みと先史の人々

最終氷期の寒冷乾燥した気候から、後氷期の温暖湿潤な環境へと移り変わる時代、海と山に囲われた神奈川の大地で、太古の人々はその時々の気候変動にいかに適応し、どのような独自の文化を築き上げていったのかを探る。

最終氷期の気候変動に適応した先史狩猟採集民

大陸を渡って人類が拡散し、日本列島が人類史の舞台となるのは、約三万八〇〇〇年前以降である。グローバルな最終氷期の激しい気候変動期にあたる。この日本史の誕生から、海に面し、丘陵・台地・低地が広がる大地に相模川《さがみがわ》などの川が流れ、丹沢《たんざわ》・関東山地の山々が連なる神奈川の地で、資源を求め開発し、自然環境に適応した先史狩猟採集民の活動の痕跡が刻まれる。

列島の旧石器時代の人々は、動植物資源がいつ、どこに出現するのかを把握し、狩猟採集による遊動生活を送っていたとみられる。関東ローム層に眠る旧石器時代遺跡の発掘調査で発見されるのは、石器と石器づくりの際に生じる打ち割られた剥片《はくへん》や石核《せっかく》などが基本である。石槍《いしやり》などの狩猟用の石器づくりには、遠い産地であっても、黒曜石など緻密質な良質の石材が求められた。

相模川上流に位置する相模原市津久井《つくい》城《じょう》跡《あと》馬込《まごめ》地区《ちく》では旧石器時代前半期の約三万四〇〇〇年前の、環状ブロック群が発見されている。「ブロック」とは石器が出土する空間的な集中部を指すが、ブロック群が直径三〇メートルほどの範囲に環状に分布し、ムラ景観の様子を彷彿《ほうふつ》とさせる。出土した石器には刃先を磨いた局部磨製石斧《せきふ》もあり、木の伐採・加工に用いられたとみられる。磨製石器としては、世界的にみても最古級の技術である。黒曜石は、中部高地系と神津島《こうづしま》系のものが利用されている。一〇〇キロ以上離れて産出する海と山の黒曜石が、広域的な遊動生活のなかで獲得して持ち込まれたとともに、神津島系黒曜石の存在は、旧石器時代の航海技術を裏づけるものである。

津久井城跡馬込地区出土の局部磨製石斧(神奈川県教育委員会所蔵)

環状ブロック群は全国的にも一〇〇例ほど発見されており、おもに関東から中部地方に分布するが、県内では唯一の発見例である。そこには、動物資源の集団的狩猟を契機とした、先史狩猟採集民の離合集散による居住形態と集団間の社会的結びつきを垣間見ることができるのである。

回帰的な遊動生活と列島最古の建物跡

最終氷期最寒冷期(約二万八〇〇〇～二万四〇〇〇年前)以降の旧石器時代後半期は、より小地域の範囲で遊動生活を繰り返

田名向原遺跡住居状遺構(相模原市立博物館提供) 国史

し、地域性が形成された時期である。遊動生活は動植物資源の出現分布と連動して、季節的に同じ場所に戻る回帰的な移動生活へと変化した。その結果として累積的な石器づくりによる大規模な遺跡が出現する。約二万三〇〇〇年前の綾瀬《あやせ》市吉岡《よしおか》遺跡群B区と藤沢市用田鳥居前《ようだとりいまえ》遺跡は、直線距離で約二キロ離れているが、石器製作過程を示す石器同士が遺跡間で接合し、遊動生活のなかでの石器づくりを裏づける(県指定)。

約二万一〇〇〇年前の相模川のほとりに立地する相模原市田名向原《たなむかいはら》遺跡(国史跡)からは、国内最古で類例のない建物跡が発見されている。建物跡は、直径一〇メートルの環状に多数の磨石《すりいし》や石器原料となる石核・大形剥片が巡り、その内側に柱穴一〇基、中央に柱穴二基と炉二基が検出された。遺構内からはおもに黒曜石の石槍づくりに起因する三〇〇〇点以上の膨大な石器が出土している(県指定)。相模川の地理的背景に、季節的に現れる動物資源の集約的な狩猟活動が繰り返されることで、稀有《けう》の遺跡を形成させたものとみられる。

縄文時代の始まりと海産資源利用

日本列島に登場した縄文土器は、極東アジア地域で発見される世界最古の土器の一つである。最終

夏島貝塚の貝層断面（横須賀市。明治大学博物館提供） 国史

氷期から急激に温暖な気候へ移行する約一万五〇〇〇年前以降に、列島各地で発見されている。神奈川の地においても、縄文時代草創期の縄文土器が旧石器的な石器群と併せて発見されており、綾瀬市寺尾《てらお》遺跡（県指定）、大和《やまと》市月見野《つきみの》遺跡群上野《かみの》遺跡（県指定）、横浜市花見山《はなみやま》遺跡（市指定）、川崎市万福寺《まんぷくじ》遺跡群（市指定）、相模原市勝坂《かっさか》遺跡（市指定）などの土器は、縄文時代の始まりを告げる。

後氷期の温暖化によって、約一万年前以降に海水面が上昇し、自然環境は一変して定住的な生活へと変化した。三浦半島東岸の横須賀市夏島《なつしま》貝塚は、一万年以上前の国内最古級の貝塚である（国史跡）。当時の海水面はまだ低く、夏島は陸続きであったとみられている。貝層からは、撚《より》糸文《いともん》の縄文土器や礫石斧《れきせきふ》などの石器、釣り針などの骨角器のほか、食料となったハマグリ・マガキなどの貝殻、マグロ・クロダイなどの魚骨、イノシシ・タヌキなどの動物骨も出土した（国重文）。夏島貝塚を残した縄文人が、海と森の多様な恵みを生かした狩猟漁労採集民であったことがわかる。

また、出土した縄文土器は夏島式土器と呼ばれ、縄文時代早期土器の指標とされた。湾岸地帯が広がる神奈川の地は、貝塚遺跡が多く分布する。貝塚の層位的な発掘調査は、川崎市子母口《しぼくち》貝塚・横須賀市茅《か》山《やま》貝塚（以上、県史跡）、横浜市野島貝塚・三浦市諸磯《もろいそ》貝塚（以上、市史跡）、平塚市五領《ごりょう》ケ《が》台《だい》貝塚（国史跡）など、その後の土器編年研究により数多くの縄文土器型式の標式遺跡を誕生させた。神奈川の地は縄文研究史上重要な地域であった。

海洋資源の利用に欠かすことができないのが、舟の使用である。横須賀市久里浜の伝福寺《でんぷくじ》遺跡からは、縄文時代中期初頭（約五五〇〇年前）の丸木舟が出土している（市指定）。全長三メートルの小形の丸木舟で、水に強いムクノキでつくられており、丸木舟に適した木材の選択性がうかがえる。

羽根尾貝塚の出土品（小田原市教育委員会保管・提供）**県指定**

丸木舟を漕《こ》ぐ櫂《かい》（オール）は、小田原市羽根尾《はねお》貝塚で木製のものが出土している（県指定）。羽根尾貝塚は県西部の相模湾に面する低湿地に立地する縄文時代前期（約六五〇〇年前）の遺跡である。漆塗りの木製容器や竪櫛《たてぐし》、丸木弓、骨角製の髪飾《かみかざ》り、釣り針のほか、カツオなどの魚骨やイルカの骨、イノシシなどの動物骨、クルミなどの木の実やミズキの実が入れられた編籠《あみかご》なども出土しており、当時の生活を復元するうえでも重要である。

縄文のムラ 縄文の森

縄文海進後の温暖で安定的な気候の縄文時代中期(約五三〇〇~四五〇〇年前)には、付近に湧水地点をもつ大規模な集落が各地に登場する。集落は直径一〇〇メートルほどの広がりをもち、竪穴《たてあな》住居が環状に巡る。集落中央の広場には、墓穴群による墓域が形成され、環状集落という構造となる。

相模原市勝坂遺跡は南関東の代表的な縄文時代中期の集落跡である(国史跡)。考古学史のうえでは、顔面把手《がんめんとって》や蛇体《じゃたい》装飾など装飾性豊かな勝坂式土器の標式遺跡でもあり、また、縄文人にとって有用な植物を繁茂させる原始農耕論が提唱された遺跡としても知られる。起伏に富んだ勝坂の地は、段丘崖《だんきゅうがい》下の各所に湧水が豊富にみられ、台地上の集落は一五〇メートルほどの間隔をおいて形成された。複数の集落が小地域に展開する縄文集落群である。集落跡の形成期間は三〇〇年以上にも及ぶ。湧水が注ぐ低湿地でのボーリング調査による花粉分析の結果、クリ花粉の比率が非常に高いことがわかり、集落周辺には管理栽培によるクリ林が広がり、集落を支えていたとみられる。

縄文の森はクリだけではない。勝坂遺跡からはクルミの実を模したクルミ形土製垂飾《たれかざ》りが出土し、相模原市田名塩田《たなしおだ》遺跡群や都県境となる境川《さかいがわ》の対岸、東京都町田市木曽《きそ》中学校遺跡からは、クルミの殻を半分に割った状態のクルミ形土器が出土している(いずれも市指定)。関東各地の中期の低湿地遺跡からは、縄文人に利用されたクルミの殻が多く出土しており、クルミに対する縄文人の精神世界が、特殊な土器や土製品に表れたのであろう。

勝坂遺跡と周辺の環境（相模原市。㈱アーク・フィールドワークシステム提供）国史

勝坂集落の縄文人は、マメ類やエゴマも利用している。縄文土器をつくる過程で植物種子などが粘土に混入し、土器を焼き上げた際に炭化して穴（圧痕）が残る。この圧痕にシリコン樹脂を流して圧痕レプリカを作製し、電子顕微鏡で観察し、植物学的に種子などを同定する分析が近年進められている。勝坂遺跡から出土した土器には、栽培型のダイズやシソ属（エゴマ）、アズキ属などの植物種子圧痕が確認され、集落周辺にツル性のマメ類などが生育していたとみられる。ほかにも、ダイズの原生種とされるツルマメのマメ圧痕が、五〇カ所以上もついた土器が見つかった（市指定）。ツルマメは土器づくりの際に粘土に意図的に混ぜ込まれた可能性があり、呪術《じゅじゅつ》性などマメに対する縄文人の高い意識が読み取れよう。縄文人は自然と共生し、自然を変えながらその恩恵を享受し、自然に対する祈りを捧《ささ》げた独自の文化を育んでいった。

縄文の祈りと終焉

安定的であった縄文時代中期の気候も、その終末期の約四四〇〇年前には顕著な寒冷化に転じた。それまでの大規模な環状集落は維持できず、集団は分散的な集落形態に変えることで適応していく。加えて、住まいもそれまでの竪穴住居から新たに柄《え》鏡形敷石《かがみがたしきいし》住居へと変化し、とくに石が豊富にとれる山寄りの地域では、住居のほか列石《れっせき》・配石《はいせき》や配石墓《はいせきぼ》といった石を多用した構築物が広がる石造りの集落景観へと変化していく。そして、祭祀《さいし》的な道具も多彩化し、増加していく。

縄文時代後期(約四〇〇〇年前)の相模原市寸沢嵐《すあらし》石器時代遺跡は、昭和三年(一九二八)に県内で初めて柄鏡形敷石住居が調査された遺跡である(国史跡)。敷石住居は、炉から住居出入口に向けて通路状に段差をつけて石を敷き、住居の中心軸を意識したデザインがうかがえる(13ページ参照)。伊勢原市三ノ宮下谷戸《さんのみやしもやと》遺跡では、敷石住居と配石遺構で累々と石が広がる集落景観を今に伝える(市史跡)。

縄文時代晩期(約三〇〇〇年前)になると、県内の遺跡数は極端に少なくなる。中期の大規模な環状集落から中期終末の分散的な敷石集落となり、後期の配石墓など石造りの集落へと移り変わる相模原市川尻《かわしり》石器時代遺跡では、晩期に至って集落中央が削られて窪地《くぼち》となる中央窪地型集落が形成される(国史跡)。中央窪地には粉砕された動物の焼骨が無数に散っており、多くの矢じりとさまざまな祭祀遺物が出土している。川崎市下原《しもっぱら》遺跡からは、香炉形土器や翡翠《ひすい》製垂飾り、石剣《せっけん》など縄文のモノづくりの粋を極めた祭祀遺物が豊富に出土している(市指定)。自然に対する畏敬の念と祖先や集団間の結びつきを、祭祀的な行為で強固にすることで文化を維持しようとする。それは逆に縄文文化の終焉《しゅうえん》を物語っていた。

(中川)

田名向原遺跡《たなむかいはらいせき》

→P178

日本最古の旧石器時代の建物跡

相模川《さがみがわ》を望む台地の突端に立地する約二万一〇〇〇年前の遺跡で、国内最古の建物跡とみられる住居状遺構が発見された。遺構内からは、中部高地や伊豆《いず》・箱根、栃木県高原山《たかはらやま》など各地に産する黒曜石を用いて、石槍《いしやり》づくりに起因する三〇〇〇点以上の石器が出土している(出土品は県指定)。

遺構外縁には、動物の皮革加工に用いられたとみられる磨石《すりいし》などが多数残されており、集約的な狩猟と皮革加工が連動した場であったとみられる。復元整備された史跡公園と展示施設が公開されている。二万年前の建物跡が見られる国内唯一の施設。

復元された住居状遺構(相模原市教育委員会提供。下も同)

DATA

国史 相模原市中央区田名塩田

勝坂遺跡《かっさかいせき》

→P178

湧水と豊かな自然環境が残る縄文集落跡

鳩川《はとがわ》沿いに立地する縄文時代中期の拠点的な集落跡。大正時代からの調査の歴史をもち、中部・関東地方に広がる勝坂式土器の標式遺跡でもある。

勝坂周辺は湧水地点が豊富で、起伏に富んだ地形に複数の集落が密集する縄文集落群である。中期中葉から中期末にかけて形成され、これまでの調査により、集落周辺にクリ林が広がり、マメ類などの植物利用も確認されており、マメ圧痕土器(市指定)が出土している。

史跡公園として、竪穴《たてあな》住居や敷石住居などが復元整備されている。

復元された竪穴住居など

DATA

国史 相模原市南区磯部

打木原《うつぎばら》遺跡《いせき》

→P174

三浦半島西岸の長井台地に立地する旧石器時代前半期の遺跡(長井海の手公園内)。列状に並ぶ落とし穴の発見は全国的にも珍しく、旧石器時代の罠猟《わなりょう》を知ることができる。出土品は市指定。

DATA 横須賀市長井

月見野《つきみの》遺跡群《いせきぐん》

→P178

厚い関東ローム層中から旧石器時代の石器群が層位別に発見され、ナイフ形石器・尖頭器《せんとうき》・細石刃《さいせきじん》など石器群の変遷が確認される。また、最古級の縄文土器も出土している。出土品は県指定。

DATA 大和市つきみ野

夏島《なつしま》貝塚《かいづか》

→P174

三浦半島東岸の夏島に立地する縄文時代早期の貝塚。国内最古の貝塚の一つで、温暖化による海面上昇開始期における海産資源開発を物語る。出土品(国重文)は明治大学博物館に展示されている。

DATA 国史 横須賀市夏島町

羽根尾《はねお》貝塚《かいづか》

→P178

相模湾に面する丘陵先端の低湿地に立地する縄文時代前期の貝塚。約六五〇〇年前の縄文海進期に営まれ、漆塗りの木製容器や丸木舟の櫂《かい》、編籠《あみかご》など、さまざまな生活道具が出土している(県指定)。

DATA 小田原市羽根尾

堤《つつみ》貝塚《かいづか》

→P176

相模湾沿岸に分布する数少ない縄文時代後期の貝塚。丘陵部の西貝塚と東貝塚が史跡指定され、出土した朝顔形の典型的な堀之内式土器(市指定)は、同地区の茅ヶ崎市博物館に展示されている。

DATA 県指定 市指定 茅ヶ崎市堤

寸沢嵐《すあらし》石器時代《せっきじだい》遺跡《いせき》

→P178

相模川上流の山間部に立地する縄文時代後期の集落跡。一九二八年(昭和三)に県内で初めて調査された敷石住居跡で、県内の縄文時代の国史跡第一号。現在も六角堂の覆屋《おおいや》内に露出展示されている。

DATA 国史 相模原市緑区寸沢嵐

2章 農耕文化の伝播と大規模集落

日本史上における「弥生時代」は、稲作を主体とした農耕文化の時代とされる。大陸から朝鮮半島、北部九州から西日本、そして東海地方を経て、神奈川県域にもたらされた初期農耕文化は、関東南部の玄関口ともいえるこの地において、じつに複雑な展開をたどる。

重層的な「かながわ初期弥生」

縄文時代晩期は、冷涼な気候などによって生活環境が悪化し、遺跡数は減少する。神奈川県域でもこの時期は、遺跡分布が散在的で規模も小さい。そのような状況下で弥生文化への移行が進行する。秦野《はだの》盆地の中央、北に丹沢山塊を見上げる扇状地の端部、日当たりの良い湧水地の周辺に平沢同明《ひらさわどうめい》遺跡(秦野市)がある。生活には好条件の立地のため、縄文時代中後期から弥生初頭期まで、長期にわたる集落が営まれる。かつて西日本弥生前期の代名詞である「遠賀川《おんががわ》式土器」の壺《つぼ》(県指定)の出土で注目されたが、近年の調査により、地元で主体となっていた縄文晩期終末の彫刻的な土器群が、弥生初頭期になると、東海系の荒々しい条痕文《じょうこんもん》土器と東北系の三角形や菱形《ひしがた》の沈線文《ちんせんもん》土器の影響により、彫刻手法が簡略化し、土器作りが粗雑になるなど「脱縄文」の動きが顕在化することがわかってきた。こうした各地域との交流をうかがわせる重層的で複雑な折衷化の動きは、とくに相模《さがみ》地域において弥生中期前葉まで続く。

農耕については、土器の器面の圧痕により、縄文晩期終末期にはアワ・キビなどの雑穀類の伝播《でんぱ》が確認されているが、この時期にコメも含め明確化する。ただし、農工具としての磨製石器や木製品は確認されず、コメも雑穀類に比べるとごく一部にとどまる。

遺跡の立地と規模の関係では、湧水地周辺という恵まれた立地の平沢同明遺跡を例外として、大河川周辺の沖積低地より段丘上などの小河川沿いの狭い湿地を望むような場所に小規模な遺跡が確認される場合が多い。たとえば大井町の中屋敷《なかやしき》遺跡は、国府津《こうづ》―松田断層が形成した急傾斜の断層崖を登った先の小盆地内の小丘上にある。弥生前期末頃の多数の土坑群および土器、炭化したアワ・キビ・コメなどが発見され、周囲の小河川周辺は雑穀類の耕作が可能と推定される。崖下の広大な酒匂《さかわ》平野と比較すると、洪水などの危険性は少なく、初期農耕に適した立地であるが、そのような都合の良い地形は数も範囲も限られるだけに、集団の成長を阻む要因にもなり、集落数の増加に乏しい状況が中期前葉まで続くことになる。

平沢同明遺跡出土「遠賀川式土器」(秦野市所蔵) 県指定

なお、この時期には当時の関東甲信越から東北地方南

中屋敷遺跡「土偶形容器」（個人蔵・大井町教育委員会提供）重文

部に特徴的な墓制である土器棺再葬墓が神奈川県域でもみられる。おもな例は、厚木市及川宮ノ西《おいがわみやのにし》遺跡（前期末）、相模原市三ケ木《みかげ》遺跡（中期初頭、県指定）などがあり、特殊な例として、前述の中屋敷遺跡から出土した弥生前期末「土偶《どぐう》形容器」（国重文）が知られる。土偶の形だが頭頂部に口が開く「入れ物」であり、焼人骨片が収納されていた。

中里遺跡の謎

このような複雑な状況が続くなか、弥生中期半ばに大きな変化が相模に訪れる。酒匂平野のほぼ中央、これまでとは突出して大規模な集落が姿を現した。中里《なかざと》遺跡（小田原市）である。弥生中期前葉までの遺跡は、酒匂平野のほぼ全域が縄文晩期に発生した御殿場《ごてんば》泥流（富士山の山体崩壊による）に覆われたため、きわめて乏しい。同時に前段階までの丘陵や段丘上の小規模遺跡は姿を消す。散在していた周辺丘陵の遺跡が平野の中里遺跡に収斂《しゅうれん》したような状況である。

この遺跡は規模以外にも数多くの革新的な特色をもつ。遺構では定型的な「竪穴《たてあな》住居」の出現のほか、大阪府池上《いけがみ》遺跡に似た大型掘立柱建物が注目される。集落の東側では当時の水田、南東側では方《ほう》形周溝墓《けいしゅうこうぼ》が発見されており、西日本弥生墓制の関東での初現になる。出土遺物では、西日本では弥生

中里遺跡出土品(小田原市教育委員会保管・提供)
県指定

前期から使われていた伐採や木工用の大陸系磨製石斧《せきふ》がセットでみられ、遺跡内で確認された河道内からは、広鍬《ひろくわ》などの農耕用木製品が出土している。このように弥生＝農耕文化に共通の遺構・遺物が中里遺跡の段階でそろう。これら新要素は、数多くの在地系土器に交じって、播磨《はりま》東部周辺の近畿系土器が一定量出土することから、近畿地方からもたらされたと推測される。近畿系土器は全体出土量の五パーセント程度とされるが、壺・甕《かめ》などのセットで搬入されており、また西日本の石材(サヌカイト)による石器もみられることから、近畿の人々が実際に当地に到来した可能性が強い。これまでにない集落立地の選択やシンボリックな大型掘立柱建物の建設など集落経営についても彼らの意向が強く反映していると思われる。ただし、近畿弥生人がはるばる相模に到来した社会的背景は十分に解明されてはいない。

　しかし、この動きは、平塚市王子台《おうじのだい》遺跡や海老名《えびな》市中野《なかの》桜野《さくらの》遺跡など相模西部から相模川沿岸部に散発的に確認されるのみで、「第二の中里遺跡」といった集落遺跡は発見されていない。中里集落の終末期は、多くの住居が火災を受けているという調査結果から集落の維持を妨げるなんらかの事象が生じたと考えられる。現地や付近に後続する遺跡もなく、完全に断絶しており、中里遺跡は、出現も終末も謎に包まれている。

大規模化する中期「宮ノ台期」集落

中里集落に後続する弥生中期後葉、関東南部の宮ノ台《みやのだい》式土器(千葉県茂原《もばら》市宮ノ台遺跡を標識)は、東海地方東部の特徴が色濃い。この東海からの新たな動きが関東南部一帯に影響を及ぼすなかで、県域でも相模湾から東京湾の沿岸部、さらに相模川流域や遺跡が乏しかった横浜周辺の鶴見川流域など内陸部にも集落が急速に展開する。「宮ノ台期」には、西日本から東海の弥生集落の特徴である、集落を取り囲む環濠《かんごう》が現れるなど、広い地域で大規模化することが特徴であり、県内でも各所で、大規模環濠集落が発見されている。

「宮ノ台期」環濠集落は、中里遺跡とは異なり、低地を望む見晴らしの良い台地縁辺部に立地する場合がほとんどであり、相模地域では秦野市砂田台《すなだだい》遺跡や茅ヶ崎《ちがさき》市下寺尾西方《しもてらおにしかた》遺跡(国史跡)などが知られるが、著名なものはかつての港北ニュータウン開発にともなう調査によって発見された横浜市鶴見川流域の諸遺跡である。

代表例として、公園整備もなされている横浜市都筑《つづき》区大塚《おおつか》・歳勝土《さいかちど》遺跡(国史跡、14ページ参照)が挙げられる。この遺跡は環濠集落(大塚遺跡)の全体を一度に調査できた全国的にも稀有《けう》な事例であり、隣接する方形周溝墓群の歳勝土遺跡を併せて、弥生集落の構造解明に大きく寄与した画期的な遺跡である。このほかにも鶴見川流域には、権田原《ごんたっぱら》遺跡、綱崎山《つなさきやま》遺跡などの「宮ノ台期」環濠集落が集中する。さらに環濠こそ明確でないが、同じ横浜市の磯子《いそご》区三殿台《さんとのだい》遺跡(国史跡、14ページ参照)も四方を見渡せる眺望の良い台地頂部に立地し、「宮ノ台期」から古墳時代まで集落が継続する。同じく三浦半島の三浦市赤坂遺跡(国史跡)も半島中央部、東京湾側も相模湾側も遠望できる台地上に占地し、半島の中核をなす集落である。戦略的な意図も感じられる立地が「宮ノ台期」環濠集落の特徴でもある。

この時期には、中里期に登場した方形周溝墓をはじめ、大陸系磨製石斧(一部鉄斧)、農工具などの木製品など西方的弥生文化要素が定着するが、とくに低地の逗子《ずし》市池子《いけご》遺跡群で鋤《すき》・鍬などの農具を含む大量の木製品が出土した。海岸に近いこともあり、釣り針、銛《もり》先やヤスといった骨角製の漁労具や卜骨《ぼっこつ》も多く出土しており、有機質遺物が残存しにくい台地上の遺跡では不明確であった当時の豊富な道具類の実態を明らかにした。

池子遺跡群弥生時代中期旧河道(逗子市教育委員会提供)

なお、「宮ノ台期」集落は中期末になると一斉に衰退する。とくに相模地域では、長期にわたって維持・拡大されてきた集落が急に断絶する。この問題も自然環境や社会の変化などが背景として挙げられているが、十分には解明されていない。

三浦半島で展開する海蝕洞窟遺跡

本県の弥生文化のもう一つの特徴である、三浦半島沿岸部に分布する海蝕《かいしょく》洞窟《どうくつ》遺跡は、「宮ノ台期」から後期前半「久ヶ原《くがはら》期」まで活発に利用されていた。海蝕洞窟とは、海岸の崖面が波浪で浸食されて形成され、のちの隆起により、人間の活動の場となったものであり、浸食されやすい軟質の岩盤が卓越する三浦半島沿岸部に集中する。

代表例として毘沙門《びしゃもん》洞窟(県史跡)のほか、大浦山《おおうらやま》洞窟、間口《まくち》洞窟などが知られるが、いずれも洞窟内に灰や焼土層が厚く堆積し、銛先、釣り針などの骨角製漁労具や各種貝製品など海洋活動に関連する遺物が出土しており、とくに貝包丁は洞窟遺跡特有である。近年、これらの海蝕洞窟遺跡は、伊豆《いず》諸島所在の弥生遺跡と強い関連を有することが論じられている。なお、後期後半には三浦半島の洞穴遺跡での活動も下火になる。

小地域色が顕在化する弥生後期

広範囲にわたって維持されてきた「宮ノ台期」の集落が中期末に一斉に没落したあと、神奈川県域には、一転してより狭い地域に分布する土器文化の勢力圏が生まれてくる。

まず、在地の系統として「宮ノ台期」に後続する後期前半「久ヶ原期」まで続く遺跡は、東京湾沿岸部から三浦半島に限られる。その在地文化が衰えた横浜北東部から川崎市域の丘陵部には、中部高地から北関東の特徴である櫛描文《くしがきもん》土器を携えた集団が進出する。

一方、後期初頭にほぼ空白地帯と化した相模地域には三河《みかわ》地方の集団が到来し、またもや東海地方の強い影響が及んだ。綾瀬《あやせ》市神崎《かんざき》遺跡(国史跡)では、後期前半の環濠集落の全域が確認され、出土土器のほとんどが東三河地方の東海系であり、実際に神崎の地に集団で移住したような状況である。後期前半の東海系土器は厚木市子ノ神《ねのかみ》遺跡、茅ヶ崎市篠山《しのやま》遺跡など相模川沿岸域で多く出土している。

この相模川流域の西側、西相模地域では、東駿河《するが》地方の特色を有す土器が広がり、後期後半には相模全域に及んで相模全体が類似した様相になる。平塚市王子台遺跡や原口遺跡、海老名市の本郷遺跡などが代表的な集落であり、しばしば多数の方形周溝墓群をともなうが、環濠は少なくなる。この傾向は古墳時代初頭まで続き、平塚市真田《さなだ》・北金目《きたかなめ》遺跡群のように方形周溝墓から高塚古墳（塚越《つかごし》古墳）への発展が認められる地域もある。

以上のように弥生時代の神奈川県域は、その当初から周辺地域や時には遠隔地の影響を受け、発展や衰退を繰り返しつつ、独特の文化が育まれた。一面では、まとまりのない状況にみえるが、一方では「かながわ」の地が他地域の弥生人を惹《ひ》き付ける、なにがしかの魅力を世代を超え長期にわたって保持していたとも解釈できる。それは何か。保存整備された史跡や博物館に展示された出土品を訪ねながら、思いを馳《は》せていただきたい。

（谷口）

神崎遺跡出土土器（綾瀬市所蔵） 県指定

大塚《おおつか》・歳勝土《さいかちど》遺跡《いせき》

↓P173

関東地方を代表する弥生遺跡の史跡公園

史跡大塚・歳勝土遺跡は、弥生遺跡の大規模な整備事例として、全国的に知られる。遺跡全体の保存はできなかったが、弥生中期「宮ノ台期」の環濠《かんごう》集落と墓域がセットで整備され、遺構の上屋復元と型取復元の併用、歴史博物館の併設など総合的な史跡公園となっている。博物館では、横浜の歴史に関する展示がなされ、弥生時代を含む特別展示も催されている。

宮ノ台期の竪穴《たてあな》住居にのみ、しばしば性格不明の「ひげ」状の溝が付属するが、その「ひげ」ごと竪穴住居が型取復元されている史跡はここだけだ。さて、この「ひげ」は何だろう？

「ひげ」状の溝（筆者提供）

DATA

国史 横浜市都筑区大棚西

神崎《かんざき》遺跡《いせき》

↓P178

東海系の移民?が築いたコンパクトな環濠集落

神崎遺跡は、相模川《さがみがわ》東岸の支流沿いに築かれた弥生後期前半の環濠集落で、綾瀬《あやせ》市教育委員会の調査によりその全体が確認された。環濠全体が保存されていること、東海系土器を主体とする特異な遺跡であることが評価されて、国史跡に指定された。現在は、市により公園整備がなされ、資料館も併設されている。おもな出土土器は県指定文化財で、資料館に展示されている。遺跡も出土品も数多くの研究者の関心を呼び、シンポジウムなどで何度も取り上げられている。

なお、知る人ぞ知る新幹線の展望スポットでもある。

筆者提供

DATA

国史 綾瀬市吉岡

平《ひら》沢《さわ》同《どう》明《めい》遺《い》跡《せき》

↓P177

相模の弥生文化のあけぼのを探るうえでもっとも重要な遺跡。現地は宅地化が進むが、遠賀川《おんががわ》式土器(県指定)を含むおびただしい出土品は、「はだの歴史博物館」で見学できる。

DATA 秦野市平沢

中《なか》屋《や》敷《しき》遺《い》跡《せき》

↓P179

国重文に指定されている弥生初期の「土偶形容器」が出土したことで知られる(現物は個人蔵)。近年は昭和女子大学が継続的な確認調査を実施し、遠賀川式土器なども出土している。

DATA 大井町山田

中《なか》里《ざと》遺《い》跡《せき》

↓P179

酒匂《さかわ》平野の真ん中に出現した大規模集落。現地は商業施設になっているが、その一角にポケットパークとして遺跡のパネル展示がなされている。おもな出土品は県指定。

DATA 小田原市中里

三《さん》殿《との》台《だい》遺《い》跡《せき》

↓P173

一九六〇年代に弥生集落の全体が調査され、保存運動から史跡指定、公園化に至った県内史跡整備の先駆的な遺跡。併設の「三殿台考古館」や遺構の覆屋《おおいや》は、建築家大岡実の設計。

DATA 国史 横浜市磯子区岡村

池《いけ》子《ご》遺《い》跡《せき》

↓P175

弥生時代中期旧河道からの木製品、骨角器などの有機質遺物を含む大量の出土品で知られ、それらは敷地内の「池子遺跡資料館」で見学できる(おもなものは県指定)。

DATA 逗子市池子米軍住宅用地内

毘《び》沙《しゃ》門《もん》洞《どう》窟《くつ》遺《い》跡《せき》

↓P174

三浦半島南岸に築かれた数多くの弥生時代洞窟遺跡の一つ。そのままの状態で保存されている。おもに弥生時代後期に使用された。貝包丁を含む多種多様な貝製品、骨角製品が出土している。

DATA 県指定 三浦市南下浦町毘沙門

3章 古墳の波及

前方後円墳は、海浜部では海洋からの視覚的な効果を意識して築かれた。後期・終末期は古墳が急増し、横穴墓の築造も始まる。古墳は当時の政治や習俗などがわかる格好の遺産で、残された埋葬施設へと立ち入れば、時空を超えて当時の空間や造営者の意識までもが体感できる。

前期・中期の首長墓

相模川《さがみがわ》の河口を遡り、地形が平野から変化する辺りの座間《ざま》丘陵に、海老名《えびな》市の秋葉山《あきばやま》三号墳(国史跡)がある。水銀朱が付着した片口鉢や高坏《たかつき》などの土器は古墳の出現期である三世紀後半とされ、県下の古墳でもっとも古い。墳丘は高く存在感があり、それまで築造されてきた方形周溝墓《ほうけいしゅうこうぼ》とは異なって、使用された土の量も大幅に増えているのであろう。秋葉山古墳群に前方後円墳は三基あり、三号、二号、一号の順に築造された。前期の間、順を追って前方部が長くなることが知られている。

三角縁神獣鏡《さんかくぶちしんじゅうきょう》を出土した古墳に、平塚市の真土大塚山《しんどおおつかやま》古墳と川崎市の白山《はくさん》古墳がある。真土大塚山は前方後方墳と見なせて、優れた副葬品《ふくそう》が出土している。市域には同じ墳形の塚越《つかごし》古墳があり、塚越古墳公園として整備されている。塚越は、真土大塚山に後出するようだ。白山古墳は全長八七メートルの前方後円墳で、埋葬施設には木炭槨《もくたんかく》や粘土槨《ねんどかく》があり、鏡や鉄刀、装身具などが副葬されていた。近くには観音松《かんのんまつ》古墳(横浜市)があり、埋葬施設の粘土槨には内行花文鏡《ないこうかもんきょう》などが副葬された。近年の発掘により周溝の一部とみられる痕跡が確認され、その後の慶應義塾大学による所蔵資料の再整理により、全長一〇〇メートルの前方後円墳と推定復元された。真土大塚山は秋葉山三号に続く時期と見なせ、白山と観音松は四世紀後半である。このような大型の前方後円墳が出現した前期には、海浜部の長柄《ながえ》桜《さくら》山《やま》古墳群(国史跡)も築造された。

真土大塚山古墳出土の三角縁神獣鏡(東京国立博物館所蔵・Colbase https://colbase.nich.go.jp/)

古墳時代中期には、首長墓として大きな円墳が造られた。厚木市の吾妻坂《あづまざか》古墳は、直径五五メートルの円墳と大きい。墳頂部にあった複数の埋葬施設から、斜縁四獣鏡《しゃえんしじゅうきょう》や鉄剣《てっけん》、鉄鉾《てつほこ》が出土した。これらの副葬品は五世紀初頭とみられ、とくに鉄鉾は柄《え》に糸巻きを漆で固めた菱形《ひしがた》の文様が施され、鞘《さや》にも漆が使用され、装飾性も備えていた。横浜市の朝光寺原《ちょうこうじはら》一号墳は、直径約三七メートルの円墳で、割竹形木棺《わりたけがたもっかん》には眉庇付冑《まびさしつきかぶと》・三角板鋲留短甲《さんかくいたびょうどめたんこう》・鉄鉾・鉄剣・鉄刀・鉄鏃《てつぞく》や装身具が副葬されていた。これらの遺物から五世紀後半の築造とみられている。

出現期から前期にかけて多くの前方後円墳や前方後方

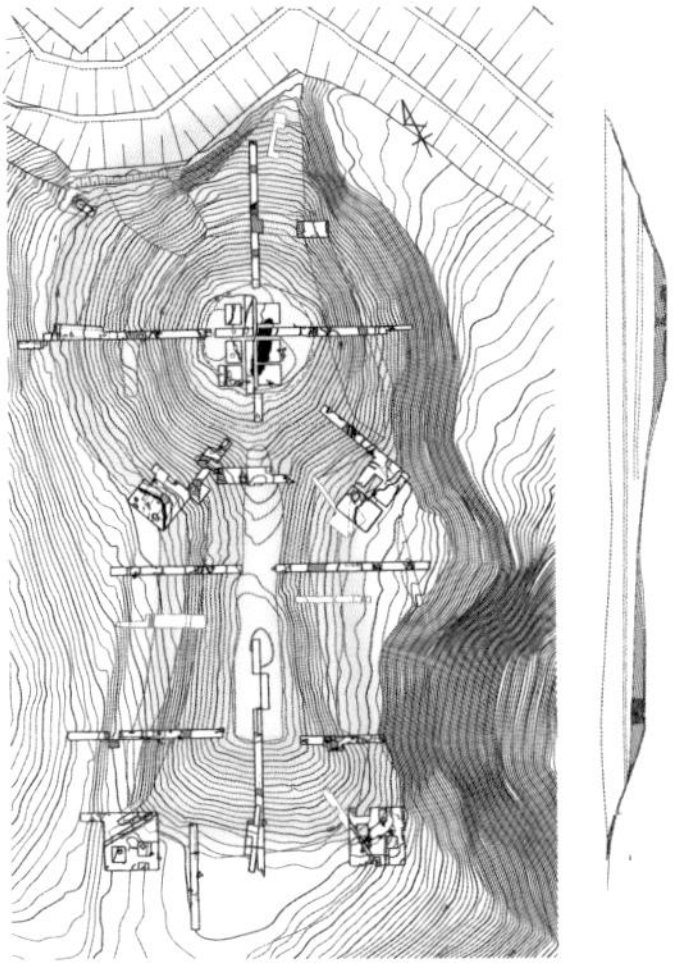

長柄桜山１号墳測量図（葉山町教育委員会提供）

墳が造られており、西からの関東地方の玄関口としてふさわしい。しかし、中期の首長墓は少なく、県央と東部にはあるが西部での築造は低調であった。

海浜型前方後円墳

近代より別荘地としても栄えた風光明媚な逗《ず》子《し》市・葉山町の境に、長柄桜山古墳群がある。古墳群は畿内《きない》地域と東日本を結ぶ太平洋側の交通の要衝にあり、古墳時代における関東と畿内を結ぶ交通や、南関東の地域情勢を考えるうえで重要であることから、国史跡に指定された。古墳群は逗子湾に西流する田越川《たごえがわ》河口付近の南、桜山丘陵のピークにある。県下で現存する最大級の古墳で、四世紀後半の築造とされる。二基の前方後円墳について範囲確認調査を行い、二号墳はその結果から葺石《ふきいし》を備え、全長は八八メートルとされた。一号墳は保存整備に向けた発掘調査が実施され、全長約九一メートル、後円部三段、前方部二段の築成で、埋葬施設は粘土槨であった。後円部は逗子市の平野側が整った形状ながら、葉山町側は地形に制約されて後円部が直線的であり、きれいな円形ではない。平面形がアシンメトリーであることも特徴の一つだ。両古墳ともに壺形埴輪《つぼがたはにわ》、円筒《えんとう》埴輪が出土しており、儀礼に使ったであろう土器も発見された。眺望はいずれの古墳もすばらしく、墳頂に登れば二号墳からは相模湾の江の島、富士山までが、一号墳からは相模湾のほか、振り返れば東京湾まで見通せる。

前期後半にも、海岸沿いに前方後円墳が多く築造された。長柄桜山古墳群も、そのような列島規模で展開する動向に連動した古墳である。これらを「海浜型前方後円墳」と呼び、各地域のなかで最大級であること、偏在性をもって前方後円墳が築造されていること、首長墓として連続性が乏しく、海から見えるような交通の要衝に立地する、という条件を備えている。

神奈川県という地域の視点からは、田越川を遡上し東京湾側へ至る道程に遺跡が多く分布しており、相模湾と東京湾を結ぶ重要な交通路であったと考えられている。二号墳には葺石があって、海からの眺望は緑の山野に白っぽい石をまとった古墳が輝くように見えたことであろう。海路の運航にあたって、あたかも灯台のように、良好な目印となったことがうかがえる。

後期以降の首長墓

再び前方後円墳が多く築造されるのが、古墳時代後期(六世紀)だ。横浜市を流れる帷子川《かたびらがわ》流域の瀬《せ》戸《と》ケ《が》谷《や》古墳は全長四一メートルの前方後円墳で、主体部は発見されていないが埴輪が多く出土した。墳丘には三重に円筒埴輪・朝顔形埴輪が並び、後円部上から前方部西側にかけて家・大刀・盾《たて》・靫《ゆき》・人物・馬などの形象《けいしょう》埴輪が並べられた。埴輪から六世紀中葉とされるが、この頃、前方後円墳の築造が

軽井沢古墳の埋葬施設(横浜市歴史博物館提供)

再開された。そのほか、横浜駅から見上げた丘陵上には軽井沢《かるいざわ》古墳があった。全長約二六メートルと小規模ながら、くびれ部には軟砂《なんさ》岩《がん》切石の横穴式石室が、前方部には硬砂岩《こうさがん》切石の竪穴《たてあな》式石室が造られていた。六世紀末の、六窓鐔《ろくそうつば》が装着された直刀や須恵器提瓶《すえきていへい》、装身具などが副葬された。今は埋め立てられて市街化が進んだが、当時の海岸線は潟《かた》が複数あり、砂嘴《さし》で外海と遮られた穏やかな内海であった。軽井沢の眼下の潟は、港湾としての機能を備えていたこともうかがえよう。

　同じ頃、秦野《はだの》市に二子塚《ふたごづか》古墳(県史跡)が築造されている。全長四六メートルで、この時期の県下では最大級の前方後円墳である。埋葬施設は河原石積みの横穴式石室で、希少な銀装圭頭大刀《ぎんそうけいとうたち》(市指定)が出土した。

　三浦半島も前方後円墳は多く、大塚《おおつか》古墳群では群内に複数の前方後円墳が築造された。埋葬施設は木棺をじかに納めたもので、同じ半島であっても大津《おおつ》一号墳は横穴式石室であり、この時期の埋葬施設はさまざまだ。横穴式石室は、古来、南武蔵《むさし》であった川崎市や横浜市では切石により造られ、それ以西の相模では河原石積みが中心であった。しかし、相模で最期(七世紀)に築造された首長墓の釜口《かまぐち》古墳(大磯町、県史跡)は、凝灰岩《ぎょうかいがん》の切石であって床石の上に壁石が載る。この石材の使用方法はあたかも横口式石槨《よこぐちしきせっかく》のようだ。神奈川県ではこれまでにない築造方法が採用された。

群集墳としての古墳・横穴墓

神奈川県にある古墳の多くは後期・終末期(六・七世紀)の築造だ。この時期は高塚の古墳や横穴墓《よこあなぼ》が群集し、多くの基数が群集するものでは、内陸部に古墳が多く、沿岸部に横穴墓が多い傾向がある。もっとも数が多いのは、一二〇基ほどの小田原市にある久野《くの》古墳群だ。

この時期に、県下ではおよそ三二〇〇基の横穴墓が造られたという。県土面積に比した横穴墓数の密度は、神奈川県は列島で最高となる。装飾大刀など、当時の首長墓に副葬される遺物もみられることから、横穴墓の一部は、いわゆる古墳群集墳の盟主に比肩できうるものもあった。丹沢南東麓を中心に、一部の横穴墓は墓前域に石積みがあり、正面からは古墳と同じように見える工夫がされた。それは、そこで実施すべき儀礼が古墳被葬者と同じことをする必要から生じたともいえよう。

川崎市には夢見ヶ崎動物公園の敷地と重なるように、加瀬台《かせだい》古墳群がある。三号墳の石室は前室と玄室に分かれる複室構造で、玄室は玄門立柱《げんもんりっちゅう》と奥壁が室内側に傾き、側壁も床から天井に向け幅が狭まる。鉄釘や麻織物の断片などが出土した。加瀬台から矢上川《やがみがわ》を少し遡ったところに馬絹《まぎぬ》古墳(県史跡)がある。こちらの横穴式石室は三室構造であり、全長一〇メートル程度と県下最大の規模だ。この三室という石室構造は、南武蔵の特徴の一つとして挙げられる。玄室は床面が正方形に近いが、上半部は徐々に丸みをもち、加瀬台三号墳と同様にドームの形状を意識したような印象だ。室内には白色粘土による円文《えんもん》などの装飾が施される。県下の横穴墓には線刻画が描かれた事例が多いが、馬絹は南関東唯一の彩色による装飾古墳である。

伊勢原《いせはら》市の三ノ宮《さんのみや》古墳群には、金銅装の装飾大刀や馬具などが副葬された、円墳の登尾山《とおのやま》古墳や埒《らち》免《めん》古墳など多くの古墳がある。また、同じ三ノ宮古墳群内には下尾崎《しもおざき》や栗原《くりはら》に横穴墓が多く築造された。これら横穴墓からも壺鐙《つぼあぶみ》や輪鐙《わあぶみ》などの首長墓に副葬されるような遺物が出土している。三ノ宮・下尾崎二六号墓の人骨は、複数の石を配した棺座《かんざ》へ四肢骨を並べた上に頭蓋骨《ずがいこつ》が載せられるものが七体並置されていた。当時行われた改葬《かいそう》を知るうえで重要な資料である。隣接する子易《こやす》地区では近年、終末期の方墳が発見された。首長墓における墳形の変遷を考えるうえで興味深い。

大磯丘陵は横穴墓が密集する地域の一つだ。手のひらのように広がる谷戸《やと》は海側に開き、凝灰岩の崖面(斜面)に数基の群がまとまって築かれる。丘陵南東側の一群は遺存状態も良好で、在地で通有な撥形《ばちがた》構造とともに、多くの家形横穴墓も造られた。いわゆる家形は、家屋を模倣したものと当時の石棺内部を模倣したものに分けられ、丘陵には後者が多く、これらは在地で発展的に造り上げられたものではない。家屋模倣は垂木《たるき》を陽刻した肋骨状《ろっこつじょう》意匠の祖型とも見なせる大磯町のたれこ谷戸西二一号墓(県史跡)、柱や梁《はり》を表現した三浦市の白山《はくさん》神社裏の横穴墓、横浜市の荏子田《えこだ》一号墓などがある。愛宕《あたご》山《やま》横穴墓群からは新羅系陶質土器《しらぎけいとうしつどき》の台付直口壺も出土している。

海岸沿いに形成された海蝕洞穴《かいしょくどうけつ》でも埋葬が行われた。三浦市の雨崎《あまざき》には洞穴とともに前方後円墳・円墳・横穴墓・石棺墓があり、複数の墓制が集合した様子が知られている。ほかの洞穴では埋葬人骨

県内の環頭大刀出土一覧

古墳・横穴墓名	環頭中心飾	所在地
黄金塚古墳	単龍	南足柄市
塚田２号墳	単鳳	南足柄市
栗原中島古墳	単龍	伊勢原市
御領原２号墳	双龍	伊勢原市
本郷遺跡	単鳳	海老名市
川名新林右２号墓	単鳳	藤沢市

黄金塚古墳出土の環頭大刀柄頭（個人蔵・平塚市博物館提供）

とともに鹿角製の組み合わせ釣り針なども出土し、埋葬された人々は漁をし、海洋航海に長《た》けた集団であった。

このような古墳・横穴墓などから出土する装飾大刀のうち、相模では環《かん》頭《とう》大刀が六点と多い。このうち酒匂川《さかわがわ》流域の南足柄市《みなみあしがら》に黄金塚《こがねづか》古墳と塚田《つかだ》二号墳があり、足柄峠を東から越える起点に位置している。とくに黄金塚の環頭はおそらく鍍金《ときん》による単龍と環部は銀張り有稜の素環だ。これは新羅や加耶《かや》といった地域の影響が考えられる製品であって、当時の相模を考えるうえで重要な製品である。

後期以降、古墳・横穴墓は数多く造られて群集する。群集墳の盟主は、この二つの墓制ともに優れた副葬品をもつ。これまでとは異なり、いわゆる下位の階層まで古墳を築造するようになった。これら構成員が古墳時代の社会において活躍した証《あかし》であろう。また、六世紀後半以降、遠隔地の影響を受けた古墳や横穴墓の構造が突如として地域に受容されたり、持ち込まれた製品が副葬されたりしている。より広域的な展開がうかがえ、それは列島にとどまらず、広く東アジア的な歴史の推移から把握できるものである。

（柏木）

長柄桜山古墳群《ながえさくらやまこふんぐん》

海路の目印、海浜部の前方後円墳

↓P175

三浦半島の付け根、相模湾《さがみわん》岸にある二基の前方後円墳。一号墳は約九一メートル、発掘で後円部墳頂の陥没坑も発見され、埋葬施設は粘土槨《ねんどかく》であった。二号墳は八八メートルで、葺《ふき》石《いし》がある。それぞれの墳丘には壺形埴輪《つぼがたはにわ》、円筒《えんとう》埴輪が並べられ、儀礼に使ったであろう土器も出土した。

桜山丘陵のピークにあって眺望は良好で、両古墳は五〇〇メートルほど離れているが、ふれあいロードで散策できる。ともに相模湾が見え、一号墳からは東京湾も見通せる。海浜部で二号墳はとくに、海洋から見せることを意識した古墳群である。

1号墳の壺形埴輪（逗子市教育委員会提供）

DATA
国史 逗子市桜山・葉山町長柄

桜土手古墳群《さくらどてこふんぐん》

群集する三五基の古墳

↓P177

秦野《はだの》盆地の水無川《みずなしがわ》右岸にあり、一二基が保存された。古墳群は三五基の円墳で構成され、一号墳などは墳丘内に石垣状の石積みがあり、相模の伝統的な墳丘の造り方とは異なる。六世紀末から造営が始まり、古墳のほか群内には小石室もある。

古墳には金銅装馬具や象嵌《ぞうがん》大《た》刀《ち》なども副葬されたほか、耳環や玉類などの装身具もみられる。須恵器《すえき》の甕《かめ》には、当時の儀礼において意図的に割られたものもある。

桜土手古墳公園内には、保存古墳が六基、復元古墳（一号墳）が一基あり、「はだの歴史博物館」で出土遺物が見られる。

桜土手古墳群1号墳（復元。秦野市提供）

DATA
市指定 秦野市堀山下

秋《あき》葉《ば》山《やま》古《こ》墳《ふん》群《ぐん》

↓P178

相模川左岸の座間《ざま》丘陵上にある六基からなる古墳群で、前方後円墳と前方後方墳、方墳の五基が指定されている。三号墳は三世紀後半の築造でもっとも古い。「海老名市温故館」で出土品が見られる。

DATA 国史 海老名市上今泉

稲《いな》荷《り》前《まえ》古《こ》墳《ふん》群《ぐん》

↓P173

矢本川《やもとがわ》東岸にある古墳群で、前方後方墳と方墳の計三基が遺《のこ》されている。四世紀から七世紀にかかる前方後円墳と前方後方墳、円墳、方墳、横穴墓が狭い範囲に集中して築造された。

DATA 県指定 横浜市青葉区大場町

大《おお》(応《おう》)神《じん》塚《づか》古《こ》墳《ふん》

↓P176

相模川東岸の台地上にある、約五〇メートルの前方後円墳。明治時代の発掘で小型鏡(内行花文鏡《ないこうかもんきょう》)や直刀などが出土した。保存目的の調査が継続中で、埋葬施設は礫槨《れきかく》との見解が出されている。

DATA 町指定 寒川町岡田

市《いち》ヶ《が》尾《お》横《よこ》穴《あな》墓《ぼ》群《ぐん》

↓P173

矢本川左岸の丘陵にある、後期・終末期の一九基からなる横穴墓群。墓前域から須恵器の甕などが出土し、儀礼の様子がうかがえる。玄室は奥壁アーチ形が多いが、ドーム形や複室構造もある。

DATA 県指定 横浜市青葉区市ヶ尾町

楊《よう》谷《こく》寺《じ》谷《や》戸《と》横《よこ》穴《あな》墓《ぼ》群《ぐん》

↓P177

大磯丘陵の南東部に集中する横穴墓群の一つで、二七基が指定されている。県下でもっとも多い撥形《ばちがた》構造のほか、当時の石棺内部の構造をまねた、いわゆる家形や棺室構造のものが同一群内にある。

DATA 県指定 大磯町大磯

雨《あま》崎《ざき》洞《どう》穴《けつ》

↓P174

西に開口する間口約七メートル、奥行き約四メートルの海蝕《かいしょく》洞穴。滑石製の装身具が多量に副葬された、五世紀初頭の小児埋葬木棺などが出土。「赤星直忠博士文化財資料館」で展示されている。

DATA 三浦市南下浦町金田

4章 律令制と仏教文化の浸透

大化改新以降、中央政権は段階的に地方支配の制度を整え、豪族たちを律令体制に組み入れていくとともに直接的な支配に乗り出す。このような制度的な側面と同時に、仏教は宗教面で地方支配を行う装置として、在地の社会に浸透していくのである。

地方支配体制の強化と支配拠点の設置

律令制下の神奈川県は、相模《さがみ》国と武蔵《むさし》国の南端部がその範囲となる。大化改新《たいかのかいしん》(六四五年)以前は、中央政権が在地の有力豪族を支配者として国造《くにのみやつこ》に任命する、国造制をとっていた。孝徳《こうとく》朝(六四五〜六五四年)になると、広範囲にわたる国造《こくぞう》の支配領域を分割して、行政単位としての評《ひょう》を立てて、地方豪族を長官に任命して支配にあたらせた。評は大宝令《たいほうりょう》(七〇一年施行)によって郡《ぐん》に呼び変えられる。令制国は天武《てんむ》朝末期に行われた国境策定事業(六八三〜六八五年)を経て成立するので、評制の施行よりも遅れる。奈良時代の相模国は足上《あしかみ》・足下《あししも》・余綾《よろき》・大住《おおすみ》・愛甲《あいこう》・高座《たかくら》・鎌倉《かまくら》・御浦《みうら》の八郡から成り、武蔵国二一郡のうち都筑《つづき》・久良《くらき》・橘樹《たちばな》の三郡が神奈川県の版図に入る。武蔵国の三郡は、おおむね一部を除く横浜市と川崎市の全域に相当する。

下寺尾官衙遺跡群の景観(茅ヶ崎市) 国史

このような郡を支配する役所として、律令国家は郡家《ぐうけ》(郡《ぐん》衙《が》)を設置していく。郡家は評段階の七世紀後半に建設された評家《ひょうけ》(評衙《ひょうが》)が継承されたものである。また、全国的な傾向として、郡家に近接して寺院が所在することが多く、郡家周辺寺院と称されている。相模国では、鎌倉郡家(鎌倉市今小路西《いまこうじにし》遺跡)と高座郡家(茅ヶ崎市下寺尾官衙《しもてらおかんが》遺跡群)で郡家遺構が発掘されており、足下・鎌倉・御浦の三郡では古代寺院との関係から郡家の所在地が推定され、大住郡ではのちに述べる相模国府域に郡家が併設されていたと考えている。これら六郡の郡家は、いずれも古代東海道が通る太平洋沿岸に設置されており、陸路東海道と湾岸の水上交通が結節する要衝《ようしょう》に立地していることがわかる。

郡家の景観

郡家を構成するおもな遺構は、郡庁《ぐんちょう》・正倉《しょうそう》・館《たち》・厨《くりや》である。郡庁は郡の役人である郡司《ぐんじ》が政務を執る建物、正倉は正税《しょうぜい》として集めた穎稲《えいとう》(穂首刈りをした稲)を蓄える倉庫、館は宿泊施設、厨は厨房《ちゅうぼう》施設である。茅ケ崎北陵高校のグラウンドで発見された高座郡家跡は、これらの要素のすべてがそろう稀《け》有《う》な遺跡である。また、郡家の南側に接して七堂伽藍跡《しちどうがらんあと》(下寺尾廃《はい》寺《じ》跡)が存在することが古くから知られていた。さらに郡家・寺院の周辺には、相模川支流の小出川《こいでがわ》のほとりで郡家に付属する川津《かわづ》(港)が発見され、そこで律令祭祀《さいし》も行われていた。関連集落も調査されるなどして、下寺尾官衙遺跡群は古代の景観が良好に復元できるとして、国史跡に指定されている。

一方で武蔵国側の三郡家では、都筑・橘樹の両郡家が発掘調査によって明らかになっている。このうち橘樹郡家跡と古代影向寺《ようごうじ》から成る川崎市の橘樹官衙遺跡群(国史跡)は、高津《たかつ》区千年《ちとせ》と宮前《みやまえ》区野川本町《のがわほんちょう》の周辺に広く展開している。台地の東部には正倉が立ち並び、西部には古代寺院(現影向寺)が立地する。郡庁や館・厨の位置は確定されていないが、台地中央部にあるものと推定される。遺跡が立地する台地からは、影向寺から西を見渡せば丹沢山塊や富士山を望むことができ、正倉群から東を眺めれば多摩川を見下ろすことができる。古代から続く中原街道《なかはらかいどう》と矢倉沢往還道《やくらさわおうかんどう》(国道246号)が合流する場所に近いことからも、眺望に優れた交通の要衝に建設されたことがわかる。

橘樹官衙遺跡群史跡公園完成予定図(川崎市教育委員会提供)
国史

東部の正倉群には、東西・南北に主軸をとる正方位の倉庫群と、主軸が斜めに傾く倉庫群の二者がある。斜め方位の正倉は七世紀後半に造営されたもので、評段階の正倉の発見は珍しい。この斜め方位の正倉群がある場所は史跡公園として再整備が進められているが、全国で初めてとなる評段階の正倉が復元される。

横浜市南区にある弘明寺《ぐみょうじ》は、横浜市内で最古の寺院とされている。七三七年(天平《てんぴょう》九)に行基《ぎょうき》が庵《いおり》を結び本尊の木造十一面観音立像《もくぞうじゅういちめんかんのんりゅうぞう》を刻んだことが開山と伝えられるが、一〇四四年(寛徳《かんとく》元)に光慧《こうえい》上人《しょうにん》が瓦葺《かわらぶ》きの本堂を建立したことと本尊の製作年代がほぼ一致することから、この時期が実際の開山とされている。しかしながら弘明寺境内では八世紀前半の古代瓦が採集されているとの報告があり、

弘明寺木造十一面観音立像 **重文**

弘明寺の前身寺院が存在した可能性が考えられる。以前から弘明寺に久良郡家の所在地を比定する見解もあったが、弘明寺が郡家周辺寺院であるとしたら、その信憑性《しんぴょうせい》はより深まることになる。

なぜこのように郡家に近接して寺院が建設されたのかについては、郡司たちの氏寺《うじでら》であるという説や、古墳に代わる民衆に対する権威の象徴であるとする説がある。こ

うしたことに加えて、中央政権の仏教政策にのっとり、在地の豪族たちが一致団結をして地域支配を行っていることをアピールする装置でもあったのではないだろうか。

移遷する相模国府

郡が今の市町村をいくつかまとめた程度の行政単位であるとするならば、国は都道府県に相当する行政単位である。国府《こくふ》は国を統括する役所で、そこで政務を執る国司《こくし》は在地の有力豪族が任命される郡司とは違い、都の貴族や中・下級の官人《かんじん》が任命されて派遣される。国司も郡司も四等級から成り定員が定められているので、いわば行政の首脳部であるといえる。

相模国府の所在地は、永らく三遷説《さんせんせつ》が唱えられていた。相模国内で、高座郡→大住郡→余綾郡の順に国府が移転したとする説である。一〇世紀前後に編纂《へんさん》された『和名類聚抄《わみょうるいじゅうしょう》』や平安時代末期の『色《いろ》葉字類抄《はじるいしょう》』では国府が大住郡に、鎌倉時代初期の『伊呂波字類抄《いろはじるいしょう》』では余綾郡に置かれていた記載がある。ここで、高座郡の中央部にあたる海老名市に所在する相模国分寺との関係が問題になる。国分寺は国府に近接して造営されることが多いので、相模国の場合も国分寺に近い高座郡域に国府があったのではないかともいえる。これらの説を総合して、最初の相模国府は高座郡に置かれ、平安時代になって大住郡に移され、さらに鎌倉時代の直前に余綾郡に移転したのではないかというものである。

文献史料で存在が確実な大住郡の相模国府(大住国府)でも、郡内のどこにあったのかは不明であった。これが一九七〇年代後半以降に、すでに市街化が進んでいた平塚砂丘上の発掘調査によって、相模国府に関連する墨書土器《ぼくしょどき》やほかの遺跡ではみられない特殊な遺物が数多く発見されるようになった。とくに注目されるのは、稲荷前《いなりまえ》A遺跡で「国厨《くにのくりや》」と記された墨書土器が複数発見されたことである。国厨は国府に設けられた厨房施設で、饗宴《きょうえん》や官人たちの給食などを用意する重要な施設である。「国厨」墨書土器のなかには奈良時代後半に遡るものがあることから、平安時代に高座郡から移遷してきたとする相模国府は、当初から大住郡に建設された可能性が高まったのである。

　そしてついに、真土六ノ域《しんどろくのいき》遺跡の調査で国府政庁と考えられる大型建物が発見された。そしてこの建物は周辺遺構との重複関係から、奈良時代の中頃に成立したことが判明したので、相模国府は当初から大住郡に置かれたことが確実となった。このほかにも構之内《かまえのうち》遺跡や東中原《ひがしなかはら》E遺跡で古代東海道の道路遺構が発見されるなどして、砂丘列に沿って東西に長い国府域の中央を東海道が貫き、東部の政庁をはじめとして出先機関である曹司《ぞうし》群が配されるという景観を想像することができる。

　鎌倉時代の直前に国府は余綾郡に移るが、その場所は地名に残る大磯町国府本郷《こくふほんごう》・新宿《しんしゅく》の一画とされている。余綾国府は『吾妻鏡《あづまかがみ》』に登場する源頼朝《みなもとのよりとも》が行った論功行賞の舞台と

相模国府（大住国府）想像復元図（筆者構成、霜出彩野・画）

相模国分寺復元ＶＲイメージ(湘南工科大学長澤研究室制作、海老名市教育委員会提供)

しても知られる。余綾郡家の好立地を踏襲した場所に設置され、おそらくその規模は中世武士の居館程度であったと思われる。

相模国分寺と良弁僧正

聖武《しょうむ》天皇は、仏教をもって国家を安寧に導くという鎮護国家《ちんごこっか》思想のもと、七四一年(天平一三)に諸国に国分寺《こくぶんじ》・国分尼《に》寺《じ》の建立を命じた。しかし造営事業は進まず、七四七年(同一九)の造営督促の詔で、郡司職の世襲を認めることで郡司層に協力を求めた結果、建設が進んだ。国分寺創建期の瓦は横須賀市乗越瓦窯《のりごしがよう》で生産しているが、この瓦窯は御浦郡家周辺寺院の瓦窯を転用したものとみられ、そのほかにも各郡の郡家周辺寺院で用いられていた瓦を総動員した形跡がみられる。このことは、郡司層がこぞって国分寺の造営に参画した証拠になろう。

奈良県の東大寺は、全国の総国分寺という位置づけがされていた。そのため、各地の国分寺は東大寺式の伽藍《がらん》配置をとるものが多い。そのなかにあって、相模国分寺(国史跡)は古式の法隆寺式伽藍配置をとっている。東大寺の初代別当《べっとう》(総取締役)である良弁僧正《ろうべんそうじょう》は、相模国の出身とする説がある。法隆寺式伽藍配置の採用や創建瓦の生産が八世紀前半に遡ることなどから想像すれば、良弁が相模国分寺の造営に関与したので、いち早く建設に着手したと考えられるのではないだろうか。

法灯を今に伝える大山の古刹

『大山寺縁起絵巻《おおやまでらえんぎえまき》』をひもとくと、良弁は赤子の時に金色の鷲《わし》に攫《さら》われ奈良の都まで連れ去られたところを覚明上人《かくめいしょうにん》に保護され、東大寺別当にまで出世した。良弁の出自と出身地には諸説あるが、相模国の有力豪族である漆部《ぬりべ》氏と関係が深く、大住郡漆窪《うるしくぼ》(秦野市北矢名《きたやな》付近)を本貫地《ほんがんち》とする説が有力だという。良弁は両親と再会を果たしたのちに故郷を訪れ、不動明王の導きにより開山したのが大山寺の始まりと伝えられる。平安時代から伝来する不動明王像は、縁起にもとづいて造立されたのだろう。

『大山寺縁起絵巻』下巻第10段（平塚市博物館所蔵） 市指定

大山にはさらに、奈良時代から受け継がれた名刹《めいさつ》がある。日本三大薬師の一つに数えられる日向薬師《ひなたやくし》宝城坊《ほうじょうぼう》である。奈良時代初頭の七一六年(霊亀《れいき》二)に行基が開山したと伝えられ、鎌倉時代の『吾妻鏡』でも行基の創建と記されている。当初は日向山霊山寺《ひなたさんりょうぜんじ》と称した大寺院であった。相模守《さがみのかみ》として国司に赴任した大江公資《おおえのきんより》の妻で歌人の相模は、眼病平癒を祈願して霊山寺に参り、歌集『相模集』のなかに歌を残している。一一世紀初め頃のことである。明治時代の廃仏毀釈《はいぶつきしゃく》によって霊山寺の規模は著しく縮小され、別当坊《べっとうぼう》であった宝城坊がその法灯《ほうとう》を守り伝えることになった。宝城坊が所有する数多くの文化財は、その歴史の深さを物語っている。(田尾)

相模国分寺《さがみこくぶんじ》・国分尼寺跡《こくぶんにじあと》

↓P178

相模国の仏教政策拠点

相模国分寺・国分尼寺は、相模国高座《たかくら》郡の中央部に位置する。この場所は、奈良時代後期以降の東海道が武蔵《むさし》国へ向かう交通の要衝でもある。

一九二一年(大正一〇)に国史跡に指定された国分寺跡と一九九七年(平成九)に国史跡となった国分尼寺跡は、段階的に整備が進められている。

隣接する海老名市温故館(旧海老名村役場庁舎・国登録有形)で出土品が展示されており、海老名駅前にある商業施設に囲まれた公園には、三分の一サイズのモニュメント「七重の塔」がある。

国分寺跡(海老名市教育委員会提供)と「七重の塔」

DATA

国史 海老名市国分南・国分北

六所神社《ろくしょじんじゃ》と国府祭《こうのまち》

↓P177

古代を今に伝える祭礼

相模国府《こくふ》は、古代末期に大住《おおすみ》郡から余綾《よろき》郡に移遷する。現在は国府本郷・新宿《しんしゅく》(旧国府村)としてその名を残している。この国府本郷に鎮座《ちんざ》する六所神社は、七一八年(養老《ようろう》二)に相模国総社に定められたのが始まりと伝えられる。

国府祭は毎年五月五日に行われる祭礼で、相模国の一宮から四宮と五宮格である平塚八幡宮の五社および六所神社の神輿《みこし》が一堂に集う。神揃山《かみそりやま》では神事の中心である座問答《ざもんどう》が行われ、一宮と二宮の間で首座争いが繰り広げられる。

祭事は県指定無形民俗文化財である。

国府祭の座問答(大磯町教育委員会提供)

DATA

県指定 大磯町国府本郷

相模国府跡《さがみこくふあと》

↓P176

平塚市街に埋もれた大住国府は、史跡指定はされていないが、政庁や古代東海道が発見された場所には、案内板などが設置されている。国府からの出土品は、一部が平塚市博物館で展示されている。

DATA 平塚市四之宮ほか

橘樹官衙遺跡群《たちばなかんがいせきぐん》

↓P173

武蔵国橘樹郡家《ぐうけ》跡と影向寺《ようごうじ》を中心に構成され、二〇一五年(平成二七)に国史跡となった。現影向寺の本尊である木造薬師如来両脇侍像三軀《さんく》(国重文)は、平安時代の作とされている。

DATA 国史 川崎市高津区千年・宮前区野川本町

下寺尾官衙遺跡群《しもてらおかんがいせきぐん》

↓P176

相模国高座郡家跡と七堂伽藍跡《しちどうがらんあと》(下寺尾廃寺跡)から構成される。周辺には郡家に関連する川津や祭祀《さいし》場などが発見され、古代の景観が残る好例として二〇一五年(平成二七)に国史跡に指定された。

DATA 国史 茅ヶ崎市下寺尾

大山寺《おおやまでら》

↓P177

丹沢・大山の中腹に所在する。良弁《ろうべん》僧正が開山したと伝えられる。国重文の鉄造不動明王および二童子像は鎌倉時代の、木造不動明王坐像(県指定)は平安時代後期の作とされる。

DATA 伊勢原市大山

日向薬師《ひなたやくし》

↓P177

日本三大薬師の一つである宝城坊《ほうじょうぼう》は、日向薬師として知られる。平安時代中期の作とされる本尊の木造《もくぞう》薬師《やくし》如来《にょらい》両脇《りょうわき》侍像《じぞう》を含む一〇件の国重文と、多数の県・市指定文化財を所有している。

DATA 伊勢原市日向

弘明寺《ぐみょうじ》

↓P173

横浜市内では最古の寺院とされ、行基《ぎょうき》がその開山と伝えられる。弘明寺観音として親しまれている本尊の木造十一面観音立像(国重文)は、平安時代中期の作とされている。

DATA 横浜市南区弘明寺町

信仰と行楽の地、大山

霊山大山の信仰

丹沢《たんざわ》山地の東端にそびえる大山《おおやま》は、山頂が天を衝《つ》き、稜《りょう》線《せん》が左右に流れる美しい姿ゆえに、その雄姿を望む広い範囲の人々の間で、長く信奉されてきた。生活に不向きな標高一二五二メートルの山頂から縄文時代中期（約五〇〇〇年前）の土器が出土していることから、すでにその頃には大山に対する信仰心が芽生えていたと考えられている。

古墳時代後期（六世紀後半〜七世紀）には、大山の麓《ふもと》の三ノ宮、上粕屋《かみかすや》、日向《ひなた》地区に数々の古墳が築かれる。登尾山《とおのやま》古墳や埒免《らちめん》古墳から出土した装飾大刀や馬具、銅碗《どうわん》、銅鏡などの副葬品は、県内随一の豪華な内容を誇り、一帯は当時の最高権力者が代々眠る神聖な地となった。

さらに、奈良時代の七一六年（霊亀《れいき》二）に霊山寺《りょうぜんじ》（現在の日向薬師宝城坊《ひなたやくしほうじょうぼう》）が、七五五年（天平勝宝《てんぴょうしょうほう》七）に大山寺が開かれ、同じ頃に成立していたとされる『延喜式《えんぎしき》』神名《じんみょう》帳《ちょう》に比々多《ひびた》神社、阿夫利《あふり》神社の名がみえることからも、霊峰大山の神性が寺社として整えられていったと考えられる。

大山詣りの隆盛

小田原北条《ほうじょう》氏を滅ぼした豊臣秀吉《とよとみひでよし》に代わって関東へ入った徳川家康《とくがわいえやす》は、北条に与《くみ》した大山寺から武装勢力を一掃し、純粋な宗教施設とするため、修験者や妻帯僧に下山を命じた。下山した人々は御師《おし》となり、参詣者の宿として自宅を兼ねた宿坊を提供し、大山寺への参拝を取り次ぎ、布教活動に励んだ。とくに社会が安定する江戸時代中期以降には、豊かになった町人、農民を中心として関東一円に大山講が組織され、水や石に関係する職人や、海上で大山を山アテ（目印）にする漁師らの信仰を集めた。江戸時代後期の最盛期には檀家《だんか》数は一〇〇万軒を超えていたと推定される。関東各地から大山へ向かう参詣者のために道が整備され、現在でも道端には大山道の道標が残されている。

武家の棟梁《とうりょう》である源頼朝《みなもとのよりとも》が刀を納めて戦勝を祈願した故事にちなみ木製の太刀を奉納する納め太刀、滝に打たれて身を清める滝垢離《ごり》、江の島・鎌倉と絡めた名所巡りなど、信仰と行楽を兼ね備えた旅は、浮世絵や落語、草紙、川柳などにも取り上げられ、江戸庶民の憧れとなった。

　こうして、御師をツアーコンダクターとする「積立型会員制パック旅行」は、出版・興行などのエンターテインメントを含む一大産業となり、大山だけでなく地域全体の経済的発展をもたらし、粋な江戸文化を波及させることにもつながった。まさに、観光による地域振興であった。

大山寺の本尊、鉄造不動明王及び二童子像。鎌倉時代（伊勢原市提供）重文

今につなぐ伝統

　明治初期の神仏分離策により、大山寺不動堂が廃されて、跡地は大山阿夫利神社下社となり、山頂には本社が建立された。現在の地に大山寺が再建されるのは、一八八五年（明治一八）のこととなる（当時は明王寺）。こうした混乱のなか、明治時代以降の大山詣りは、東海道線平塚駅（一八八九年）、小田急線伊勢原駅（一九二七年（昭和二））の開業により参詣ルートを変更しながらも、御師から改称した先導師により着実に継承されてきた。

　元禄《げんろく》時代に始まったとされる大山能は、観世《かんぜ》流宗家が出演する火祭《ひまつり》薪能《たきぎのう》として毎年上演され、縁起物の大山こまも、職人手づくりの温かみを今に伝えている。

大山阿夫利神社の能舞台で行われる火祭薪能。幽玄な篝火のもと、観世流宗家と大山能楽社保存会により演じられる（目黒久仁彦撮影）

　こうした現在に続く歴史ストーリーが評価され、二〇一六年（平成二八）に日本遺産「大山詣り」の認定を受けた。新たな称号をきっかけに、伝統的な信仰と現代的な観光要素を併せ持つ、大山に注目が集まっている。

（立花）

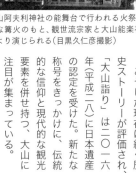

5章 鎌倉、武家の都と中世仏教

鎌倉は、日本史上初めて本格的な武家政権が置かれた都市である。
政治・経済・宗教の中心地となり、国際色豊かな武家文化が花開いた。
市内には、多くの寺社・史跡・文化財が残り、八〇〇年前の栄華を今に伝えている。

武家の都の誕生

一一八〇年(治承《じしょう》四)一〇月、二〇年に及ぶ流人生活に終止符を打ち、伊豆《いず》で平家打倒の兵を挙げた源頼朝《みなもとのよりとも》は、房総《ぼうそう》半島を北上し、相模《さがみ》国鎌倉に入った。三方を山に囲まれ、一方が海に開けた鎌倉は、要害の地であるだけでなく、相模湾から房総半島へとつながる海路の中継地として重要な場所であり、亀谷《かめがやつ》(寿福寺《じゅふくじ》)と沼浜《ぬまはま》(逗子《ずし》市沼間)に父義朝《よしとも》の屋敷があるなど、源氏ゆかりの地でもあった。頼朝は、大倉郷《おおくらごう》に将軍御所(大倉幕府)を築き、鶴岡八幡宮《つるがおかはちまんぐう》(寺《じ》)や永福寺《ようふくじ》を建立し、若宮大路を整備するなど、都市鎌倉の基礎を築いた。

将軍御所の正確な位置は、広範囲の発掘調査が行われておらず、現在も不明である。ただ、『吾妻《あづま》鏡《かがみ》』の記述や「東御門《ひがしみかど》」「西御門《にしみかど》」などの地名から、おおよその範囲を知ることができる。大倉郷は、

永福寺跡(鎌倉市二階堂。筆者提供) 国史

広大な平坦地、かつ山側に位置する微高地であるため、自然災害の影響を受けにくく、古代から集落が形成された場所であった。現在は、清泉小学校が建ち、一角には鎌倉青年団による石碑がたたずむ。

鶴岡八幡宮(寺)は、御所の西に隣接し、まちの中心に位置した。当初は簡素な社殿だったが、翌一一八一年(養和《ようわ》元)五月に改築した。さらに、頼朝は、翌年三月に社頭から由比ヶ浜《ゆいがはま》に至る参道(若宮大路と段葛《だんかずら》)を造り、九月には園城寺《おんじょうじ》(三井寺《みいでら》)より高僧・円暁《えんぎょう》を迎え、初代の別当《べっとう》に任じた。供僧《ぐそう》の任命や所領の寄進《きしん》も行っている。

これらは、頼朝個人の八幡信仰を具体化したものであるが、政治政策の一環でもあった。すなわち、源氏の氏神《うじがみ》である八幡神は、武神としての霊験をもつことから、すでに武士たちの崇敬を集めていた。そこで頼朝は、八幡神を御家人《ごけにん》統制の精神的中核に据え、東国経営の基礎を固めたのである。

その後、一一九一年(建久《けんきゅう》二)三月の大火により、大倉御所と鶴岡八幡宮(寺)は全焼したが、すぐに再建され、鶴岡の社殿は本宮

（上宮）と若宮（下宮）に分かれて現在に至る。

頼朝が造営した顕密《けんみつ》仏教（旧仏教）の大寺院は、鶴岡八幡宮（寺）のほかに、勝長寿院《しょうちょうじゅいん》と永福寺がある。一一八五年（文治元《ぶんじ》）に頼朝が造営した勝長寿院は、源氏将軍家の菩提寺《ぼだいじ》というべき性格の寺院である。御所の南方の谷に造営され、のちには谷の奥地に北条政子《ほうじょうまさこ》によって伽藍《がらん》と御所が建てられるなど栄えたが、室町後期には廃絶した。いま同地を訪ねると、住宅地のなかにわずかな石碑が建つのみで、往時の隆盛は見る影もない。

一方、永福寺が造営された一一九二年（建久三）は、平家や奥州藤原《ふじわら》氏の討滅によって、一〇年に及ぶ内乱が終結した時期であった。内乱の犠牲者を弔い、完成供養に多くの御家人を参加させることで、内外に頼朝の権威を示したのである。

北条氏の台頭

一一九九年（建久一〇）正月、頼朝が急死すると、北条氏が幕府内で勢力を伸ばした。比企《ひき》氏や畠山《はたけやま》氏といった対立する勢力を次々と滅ぼし、北条政子・義時《よしとき》姉弟が政権の中枢を担うようになる。

一二一三年（建暦《けんりゃく》三）には、鎌倉で市街戦が起こり、有力御家人の和田義盛《わだよしもり》とその一族をも滅ぼした。この結果、将軍御所が焼失するなど、鎌倉は甚大な被害を受けたが、義時は義盛の侍所《さむらいどころ》別当を兼帯し、北条氏の政治的基盤を固めた。

さらに、恩賞として鎌倉の西北に位置する山内荘《やまのうちのしょう》を獲得し、まちの背後を押さえることで、幕府を

法華堂跡(源頼朝墓・北条義時墓)(鎌倉市西御門。筆者提供) 国史

地理的にも北条氏の保護下に置いた。同荘は、北条氏嫡流へと継承され、のちに時頼《ときより》が建長寺《けんちょうじ》を、時宗《ときむね》が円覚寺《えんがくじ》を建立する。現在の北鎌倉の禅宗寺院の景観は、和田合戦での勝利に由来するのである。

さて、朝廷と幕府は、三代将軍・源実朝《さねとも》の正妻を時の天皇後鳥羽《ごとば》と同じく貴族の坊門《ぼうもん》家から迎えるなど、公武融和《こうぶゆうわ》の時代を迎えていた。しかし、一二一九年(建保《けんぽう》七)正月、雪の積もる鶴岡八幡宮で実朝が甥《おい》の公暁《こうぎょう》に暗殺されたことで、次期将軍の座をめぐり、急速に関係が悪化する。

一二二一年(承久《じょうきゅう》三)、ついに承久の乱が勃発した。後鳥羽上皇は、義時追討宣旨《せんじ》を発布し、兵を挙げたが、尼将軍・北条政子の演説によって結束を固めた幕府軍に敗北した。これ以降、幕府は朝廷への干渉を強め、西国にも武士の所領が広がった。

承久の乱から三年後の一二二四年(貞応《じょうおう》三)に執権義時が、翌年には文官トップの大江広元《おおえのひろもと》と尼将軍の政子が息を引き取り、幕府の要人が相次いで亡くなった。義時の墓所(法華堂《ほっけどう》)は、頼朝の墓所の東隣に造営された。鎌倉に武家政権を樹立した頼朝と、承久の乱に勝利し、鎌倉のまちを守った義時は、幕府の創始者として並んで葬られたのである。

北条泰時による都市整備

義時の跡を継いだ北条泰時《やすとき》は、評定衆《ひょうじょうしゅう》の設置による合議政治を開始し、武家政権最初の体系的な法典『御成敗式目《ごせいばいしきもく》』を制定するなど幕政を主導した。この時期には、鎌倉のインフラ整備も急速に進み、都市的に大きな発展を遂げていく。

政子の死後、将軍の後継者として京から鎌倉へ下向していた九条家の三寅《みとら》は、元服を遂げ、朝廷から征夷大将軍《せいいたいしょうぐん》に任じられた。四代将軍・藤原頼経《ふじわらのよりつね》の誕生である。執権泰時は、将軍御所を大倉から若宮大路付近の宇都宮辻子《うつのみやずし》へと移転した。この結果、鎌倉の主軸は大船方面から鶴岡八幡宮(寺)・将軍御所・朝比《あさひ》(夷《い》)奈《な》峠を越え、六浦《むつら》へと通ずる東西幹線道路から、鶴岡八幡宮より由比ヶ浜へと延びる南北の道(若宮大路)へと変化した。加えて、御所の移転にともない、御家人たちの屋敷も大倉から若宮大路付近に移り、鎌倉の海岸付近一帯が栄えていくことになる。

若宮大路の道幅は、現行よりも広い三三・六メートルあり、その両側には幅三メートル、深さ一メートルほどの側溝《そっこう》が設けられていた。当初は緩やかなV字形をなしていたが、鎌倉中期以降は壁面が崩れないよう木組みの側溝が使用されていた。側溝跡からは、鎌倉時代の木簡が見つかっており、「一《いち》丈《じょう》伊北太郎跡《いほうたろうあと》」「二けん　おぬきの二郎」など、長さの単位と人名が見えることから、幕府が御家人たちに数メートルごとの側溝の修造を負担させていたと考えられる。

青磁《せいじ》鎬《しのぎ》蓮弁文碗《れんべんもんわん》・白磁《はくじ》口禿皿《くちはげざら》(若宮大路周辺遺跡群出土。鎌倉市教育委員会所蔵)

さらに泰時は、鎌倉から六浦へと抜ける六浦道や巨福呂坂《こぶくろざか》の開削、人工の港である和賀江島《わかえじま》を築くなど、鎌倉と外部をつなぐ整備を進めた。『吾妻鏡』によれば、和賀江島は、往阿弥陀仏《おうあみだぶつ》という勧進聖《かんじんひじり》が泰時の援助を得て、築港したという。この結果、多くの船舶が往来し、鎌倉には全国各地、さらには遠く中国からも数多くの文物がもたらされた。市内では、渥美焼《あつみやき》・瀬戸焼《せとやき》・常滑焼《とこなめやき》などの国産陶器、長崎県西彼杵《にしそのぎ》産の滑石鍋《かっせきなべ》、奄美《あまみ》地方の夜光貝《やこうがい》、山口県赤間《あかま》産や京都市鳴滝《なるたき》産の硯《すずり》などが出土している。また、「唐物《からもの》」と呼ばれた中国製品のなかでも、とくに青磁《せいじ》は武士に好まれ、市内の出土量は群を抜いている。

モンゴル襲来と幕府滅亡

泰時の政策を継承した時頼は、一族の名越光時《なごえみつとき》、さらに三浦《みうら》氏をも滅ぼして北条氏得宗《とくそう》の地位を不動のものとした。一二五二年(建《けん》長《ちょう》四)には、五代将軍・藤原頼嗣《よりつぐ》を廃し、後嵯峨《ごさが》上皇の皇子・宗尊《むねたか》親王を迎えて、待望の皇族将軍を実現する。皇族将軍は、これを推戴する幕府の権威増大に寄与したが、その政治的実権はほとんどなく、反面で得宗に権力が集中した。

時頼の息子・時宗の時代には、元《げん》との関係に悩まされた。幕府はたびたび元から服属を迫られたが、これを退け、異国警固番役《いこくけいごばんやく》を実施するなど、防備を固めたため、元は高麗《こうらい》の軍勢とともに、二度にわたって襲来した。日本軍は幕府の統率下で奮闘し、元の武力征服は失敗に終わった。

幕府はこれを機に、非御家人を動員する権限を朝廷から獲得し、西国にも幕府の支配力を強化した。しかし、防衛費負担の増大は、社会の進展に対応できず没落しつつあった御家人たちに追い打ちをかけ、北条氏得宗の専制政治に対する反発も強まった。

やがて後醍醐《ごだいご》天皇の討幕運動に賛同する武士たちが蜂起《ほうき》し、鎌倉にも新田義貞《にったよしさだ》率いる討幕軍が攻め込んだ。討幕軍は化粧坂《けわいざか》・巨福呂坂・極楽寺坂《ごくらくじざか》の三手に分かれ、各地で幕府軍を破って、まちの中心部に兵を進めた。得宗の北条高時《たかとき》は小町邸(現在の宝戒寺《ほうかいじ》)に火の手が迫ったのを受け、東勝寺《とうしょうじ》に移って抗戦したが、自害に追い込まれ、一三三三年(元弘《げんこう》三)五月二二日、ついに鎌倉幕府は滅亡した。

寺跡の発掘調査では、北条氏の家紋である三鱗文《みつうろこもん》の施された瓦などが見つかったが、再び埋め戻して、現在は史跡東勝寺跡として管理されている。また、東勝寺跡の奥には、高時以下の自害の場所と伝わる「腹切りやぐら」が残る。小町邸跡には、後醍醐天皇の命令により、足利尊氏《あしかがたかうじ》が宝戒寺を建立し、境内には今も高時の御霊が「徳崇《とくそう》(得宗)大権現」として祀《まつ》られている。

幕府滅亡後、後醍醐天皇は天皇中心の新たな政治を始めるが、尊氏が京都に室町幕府を開くと朝廷は南北に分裂し、全国的な動乱の時代を迎えることになる。

円覚寺舎利殿(鎌倉市山之内。筆者提供) 国宝

鎌倉には、室町幕府が東国を支配する機関として鎌倉府《かまくらふ》を設置した。鎌倉公方《くぼう》の御所は、当初、亀《かめ》谷《がやつ》にあったが、二代氏満《うじみつ》以降は浄妙寺《じょうみょうじ》の東隣に置かれ、まちは再び活気を取り戻した。しかし、四代公方・足利持氏《もちうじ》はしだいに幕府への反発を強め、幕府軍に討伐される。内乱が続くなか、持氏の息子成氏《しげうじ》が五代公方となるが、やはり幕府に追い込まれ、一四五五年(享徳《きょうとく》四)、古河《こが》への移住を余儀なくされた。主《あるじ》を失った鎌倉は、政治的な求心力を失い、衰退の一途をたどる。

宗教都市としての鎌倉

政治や経済の中心地として成長した鎌倉には、仏教改革の旗手《きしゅ》たちが新天地を求めて集った。最盛期には、六～一〇万人いたとされる鎌倉の都市民を布教の対象とし、さまざまな宗派の寺院が建立された。現在、市内にはおよそ一二〇の寺社が残るが、驚くべきことに、鎌倉時代には四〇〇以上もの寺社があったといわれている。鎌倉は、一大宗教都市としても隆盛したのであった。

なかでも中国より伝わった禅宗は、北条氏によって保護された。一二五三年(建長五)、北条時頼によって、日本で最初の禅宗専門道場となる建長寺が創建され、国際色豊かな文化が育まれた。建

高徳院銅造阿弥陀如来坐像(鎌倉市長谷。筆者提供)
国宝

長寺と並ぶ円覚寺は、一二八二年(弘安《こうあん》五)北条時宗が無学祖元《むがくそげん》を開山として創建した寺である。境内の舎利殿《しゃりでん》は、唐様《からよう》建築の代表的な遺構として名高い。このほかにも、浄智寺《じょうちじ》・浄妙寺・東慶寺《とうけいじ》といった数多くの禅寺が建てられた。

ただし、鎌倉に建てられた寺院は、禅宗系統の寺院ばかりではない。鎌倉草創期に源頼朝によって創建された天台《てんだい》・真言《しんごん》などの顕密仏教(旧仏教)の大寺院、すなわち鶴岡八幡宮(寺)・勝長寿院・永福寺は依然として存在感を有していた。

また、戒律復興の中心となった叡尊《えいそん》は、一二六一年(弘長《こうちょう》元)、時頼に招かれ、多くの人々に授戒した。叡尊の弟子忍性《にんしょう》も、北条氏の帰依《きえ》を受けて極楽寺を開き、関東における真言律宗《りっしゅう》の拠点とした。鎌倉幕府を批判した日蓮《にちれん》も、鎌倉の辻《つじ》で布教活動を続け、道元《どうげん》や一遍《いっぺん》も鎌倉とその周辺で新しい仏教を広めようとした。

「鎌倉大仏」の名で親しまれ、鎌倉のランドマークにもなっている高徳院《こうとくいん》の銅造阿弥陀如来坐像《どうぞうあみだにょらいざぞう》は、泰時の時代に木像で造られ、時頼の時になって銅像に造り替えられた。当初は大仏を大仏殿《だいぶつでん》が覆っていたが、一三六九年(応安《おうあん》二)に大風で倒壊した後は再建されなかったようである。おそらく、国家鎮守のために造像された東大寺の大仏を意識し、東国守護の象徴として、かつ北条氏の権勢を示すモニュメントとして造られたと考えられる。

　寺院の建立とともに、その内部に安置される仏像が盛んに制作されたことはいうまでもない。稀代《きだい》の天才仏師として名高い運慶《うんけい》は、将軍や東国武士たちの造像に従事した。このうち、三浦半島の西海岸、芦名《あしな》の浄楽寺《じょうらくじ》に阿弥陀三尊像とともに伝来した不動明王像《ふどうみょうおうぞう》と毘沙門天立像《びしゃもんてんりゅうぞう》は、像内から発見された銘札《めいさつ》により、和田義盛と妻の小野《おの》氏が一一八九年(文治《ぶんじ》五)に発願《ほつがん》し、運慶が小仏師一〇人を率いて制作にあたったことが判明している。両像は力強く堂々とした体軀《たいく》で、玉眼《ぎょくがん》を嵌《は》め込んだ面《めん》貌《ぼう》は躍動的である。　(山本)

不動明王像(横須賀市芦名。浄楽寺提供)
重文

籬《まがきに》菊《きく》螺鈿《らでん》蒔絵《まきえ》硯箱《すずりばこ》

➡P175

鎌倉時代を代表する漆芸品

社伝では、源頼朝《みなもとのよりとも》が後白河法皇《ごしらかわほうおう》から授かり、鶴岡八幡宮《つるがおかはちまんぐう》へ奉納したと伝わる。金と螺鈿で構成された、鎌倉時代を代表する漆芸品である。

蓋《ふた》や身の縁には銀覆輪《ぎんぷくりん》がつき、外面は金沃懸地《きんいかけじ》（全体に金粉を密に蒔《ま》く技法）で、菊花や小鳥をかたどった螺鈿（貝をはめこんで文様をつくる技法）は光を受けてさまざまな色に輝き、見る者を惹《ひ》きつけてやまない。

また、数少ない硯箱の遺例としても貴重で、硯、銀製鍍金《ときん》の水《すい》滴《てき》のほか、菊花文を施した筆管《ひっかん》三本、錐《きり》、刀子《とうす》、毛抜、眉作《まゆつくり》、鬢《びん》搔《かき》二本、鋏《はさみ》など全一二点の内容品が付属する。

鶴岡八幡宮所蔵

DATA
国宝 鎌倉市雪ノ下（鶴岡八幡宮所蔵）

永福寺《ようふくじ》経塚《きょうづか》出土品《しゅつどひん》（史跡《しせき》永福寺跡《ようふくじあと》出土《しゅつど》）

➡P175

お経とともに埋められた優美な品々

一一九二年（建久《けんきゅう》三）、源頼朝は内乱の犠牲者を弔うため、永福寺を建立した。永福寺の南側に位置する丘陵の山頂では、創建と同時期に造られた経塚が発見されている。渥美焼《あつみやき》の大甕《おおがめ》のなかに、経典を入れる銅製の経筒のほか、水晶製の数珠や腰刀、透かし彫りの扇、梳櫛《すきぐし》、中国江西《こうせい》省の北東部景徳鎮《けいとくちん》窯《よう》で作られた白磁の小壺《こつぼ》などが納められ、片口《かたくち》鉢で蓋がされていた。経塚とは、経典を土の中に埋めた場所を指す呼称で、仏教的な作善《さぜん》の一つである。伽藍《がらん》を見渡すことのできる一等地にあることから、永福寺を造営した源頼朝と深い関わりをもつ人物による経塚と考えられている。

鎌倉市教育委員会所蔵・奈良国立博物館提供

DATA
県指定 鎌倉市二階堂出土

大倉幕府跡《おおくらばくふあと》

↓P175

源頼朝が大倉郷に建てた将軍御所。御所の周辺には畠山重忠《はたけやましげただ》などの有力御家人《ごけにん》の屋敷が建てられた。現在の清泉小学校の敷地を中心とする地域に推定されている。

DATA
鎌倉市雪ノ下

法華堂跡《ほっけどうあと》

↓P175

鎌倉幕府の創始者である源頼朝と北条義時《よしとき》の墓所(法華堂)の推定地。大倉御所を背後から見下ろすように建つ。頼朝墓の発掘調査では、五輪塔《ごりんとう》の描かれた軒丸《のきまる》瓦《がわら》が見つかっている。

DATA
国史 鎌倉市雪ノ下・西御門

朝夷奈切通《あさいなきりどおし》

↓P175

切通は山を垂直に掘り下げてつくられた道で、鎌倉の出入り口の役割を果たした。とくに鎌倉と六浦《むつら》を結ぶ朝夷奈切通は、北条泰時《やすとき》の時代に開削され、古道の面影をもっともよく残している。

DATA
国史 鎌倉市十二所～横浜市金沢区

和賀江島《わかえじま》

↓P175

日本に現存する最古の築港遺跡。北条泰時の時代につくられ、江戸時代まで使用された。鎌倉の海の玄関口として海上交通と物流の拠点となり、中世都市鎌倉の発展に重要な役割を果たした。

DATA
国史 鎌倉市材木座

まんだら堂《どう》やぐら群《ぐん》

↓P175

一五〇以上の穴が残る大規模なやぐら群。やぐらは、鎌倉を中心に分布する、一三世紀後半～一五世紀後半につくられた横穴式の埋葬施設。鎌倉では、いたるところでやぐらを目にすることができる。

DATA
逗子市小坪

出土《しゅつど》した漆椀《うるしわん》・漆皿《うるしざら》

市内各所で、良質な漆器が見つかっている。中世人は、漆器を日常的に使用していた。黒漆に朱漆で文様が描かれ、その図柄は菊や梅などの草花、鶴や亀といった動物など多種多様である。

DATA
鎌倉市内各所出土

6章

戦国大名、小田原北条氏

戦国時代、関東に覇を唱えたのは小田原を本拠とする小田原北条氏(以下、北条氏)であった。北条氏は、「禄壽応穏」の政治理念の下、関東に安寧の世を築くべく、上杉謙信や武田信玄などと争い、時に手を結びながら領国を拡大していく。

戦国時代の幕開けと伊勢宗瑞

一三三三年(元弘《げんこう》三)、鎌倉幕府は滅亡するが、これにより鎌倉という都市空間が消滅したわけではない。室町幕府は、鎌倉の六浦道《むつらみち》沿い浄妙寺《じょうみょうじ》付近に関東府(鎌倉府)を置き、足利《あしかが》氏一族を鎌倉公方《くぼう》に据え、補佐役として関東管領《かんれい》を置いた。東国の支配はこの鎌倉府により行われることとなったが、時が経《た》つにつれ、鎌倉公方と関東管領、室町幕府との関係は不安定なものとなる。

一四三八年(永享《えいきょう》一〇)、鎌倉公方足利持氏《もちうじ》と関東管領上杉憲実《うえすぎのりざね》が対立し、永享の乱が起こる。この戦いは室町幕府の助力を得た憲実が勝利するが、その後も関東の火種は消えることはなかった。持氏の遺児足利成氏《しげうじ》が鎌倉公方に就任すると、憲実の子である上杉憲忠《のりただ》との対立が表面化する。

一四五四年(享徳《きょうとく》三)、成氏が憲忠を謀殺し、享徳の乱が勃発した。この戦いは関東各地へと飛び火し、室町幕府も巻き込みながら一四七九年(文明《ぶんめい》一一)まで続くこととなる。関東地方は、この享徳の乱の勃発により、応仁《おうにん》・文明の乱に先駆けて戦国時代へと突入するのである。

　この戦いの最中、駿河《するが》国の戦国大名今川《いまがわ》氏の下で力を付けていたのが伊勢宗瑞《いせそうずい》であった。伊勢宗瑞とは、いわゆる北条早雲《ほうじょうそううん》のことである。伊勢宗瑞の出自については、かつては伊勢国の素浪人などともいわれたが、現在では備中《びっちゅう》伊勢氏の出身で、幕府政所執事《まんどころしつじ》を務める伊勢氏の一族であることが確認されている。宗瑞自身も、将軍足利義尚《よしひさ》の申次衆《もうしつぎしゅう》を務めた伊勢新九郎盛時《しんくろうもりとき》の後身で、駿河国に下向して戦国大名今川氏の旗下で行動していた人物であった。

小田原駅前の伊勢宗瑞銅像(筆者提供、6章すべて)

　宗瑞は今川氏の下で各地を転戦しつつ、一四九三年(明応《めいおう》二)には明応の政変に合わせて伊豆《いず》国へと侵攻する。一四九八年(同七)には伊豆国を平定し、一五〇一年(文亀《ぶんき》元)までに小田原《おだわら》城へと進出した。そして、一五一六年(永正《えいしょう》一三)、宗瑞は玉縄《たまなわ》城(鎌倉市)を拠点に三崎城(三浦市)を攻め、相模《さがみ》国平定を成し遂げた。

　しかし、宗瑞は小田原城進出後も伊豆国韮山《にらやま》城(静岡県伊豆の国市)を本拠とし、小田原城には弟弥次郎《やじろう》と嫡子氏綱《うじつな》を置いた。この氏綱が家督を継承したことで、小田原が伊勢氏の本拠地と位置づけられていく。

相模府中小田原の成立

　小田原を本拠とした伊勢氏綱は、名字を鎌倉幕府執権北条氏ゆかりの「北条」と改めることで、関東との由緒を強調する。また、朝廷・幕府に働きかけて左京大夫《さきょうのだいぶ》に補任《ぶにん》され、相伴衆《しょうばんしゅう》にも列せられた。古河《こが》（茨城県古河市）へと移り、古河公方と呼ばれていた関東公方足利晴氏《はるうじ》からは関東管領職に補任され、氏綱は朝廷・幕府・関東府というそれぞれの秩序のなかに自らを位置づけ、関東統治の正統性を主張する。そして、関白近衛《このえ》家から妻を迎え、足利晴氏には娘を嫁がせることで貴種と血縁関係を結び、北条家の家格を向上させる。北条氏は、他国より関東へと入った新参者、新興勢力と思われがちであるが、じつは旧体制の権威を利用して領国支配を展開していったのである。

　さらに、氏綱は早雲寺（箱根町）、箱根権現（同前）、六所《ろくしょ》神社（大磯町）、寒川《さむかわ》神社（寒川町）、そして鶴岡《つるがおか》八幡宮（鎌倉市）などの神社仏閣の修築を積極的に進め、そのために多くの職人を各地から呼び寄せた。これによりもたらされた新たな技術・手法は、小田原の文化レベルを大きく向上させることになる。そして、東山御物《ひがしやまごもつ》や宮中に伝わる優品を入手したり、新たな美術品を制作させたりすることで、小田原は東国随一の文化都市としての側面を持ち合わせるに至る。

　氏綱により整備された小田原は、発掘調査により正方位に街路を配した規格的な都市であったことが確認されている。それは、区画を示す道路や堀・溝などの検出遺構の様相から確認されたものであり、出土遺物や土層堆積状況などから氏綱の時期に成立していたものと考えられている。

宗瑞が進出する前の小田原は、東海道沿いの宿・市としての歴史を重ねていた。そのような既存都市には多くの既得権益があり、戦国大名とはいえ、それを無視して町割りを再編・整備することは難しいことであった。そのようなかで成立した正方位に規格された小田原の姿は、北条氏の力を示すものであり、周辺諸勢力に対しても、整然とした都市小田原の姿は北条氏の力を痛感させるに十分なものであった。

戦国期小田原城の遺構、小峯御鐘ノ台大堀切東堀 国史

さらに氏綱は、小田原用水(早川上水)と呼ばれる上水道を敷設するなどのインフラ整備も進め、小田原を相模国におけるナンバーワン、オンリーワンの都市へと成長させる。これにより小田原は、相模国の府中、相府と認識されるようになる。

現在、小田原の町に戦国時代の建造物などは残っていないが、足元に注意して散策すると、氏綱により整備された小田原の町割りの痕跡を見つけることができる。

「禄壽応穏」の領国支配

氏綱は、関東地方で伝統的に用いられていたロクロ成形のかわらけとは異なる京都系の手づくね成形のかわらけを導入した。武家儀礼で用いるかわらけは、武士にとっては重要なアイテム

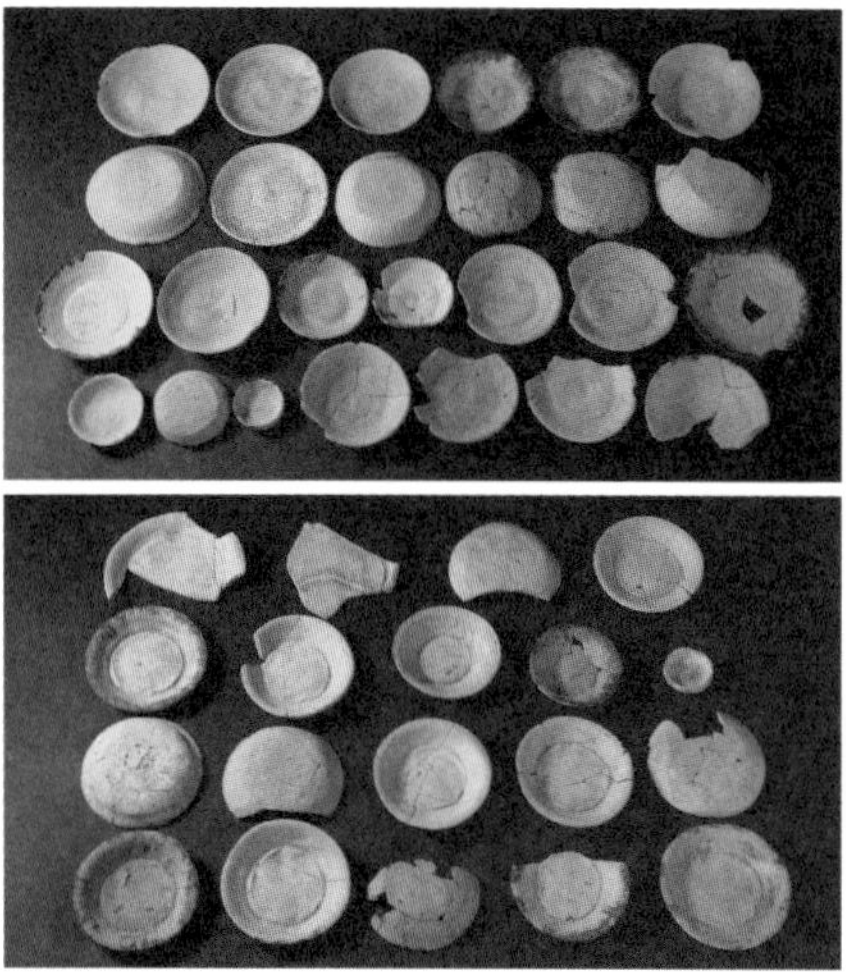
ロクロ成形かわらけ(上)と手づくね成形かわらけ(下)

虎朱印「禄壽応穏」の印影

であり、京都系のかわらけを用い、室町幕府を頂点とする武家儀礼を行うことは、北条氏が周辺地域の諸勢力とは異なる立場にあることを示した。

さらには、西日本などに比べて移入量が少ないことが明らかな貿易陶磁を入手し、それを贈答品として用いることで、小田原の力・北条氏の力を示していた。周辺諸勢力は、京都のような計画都市小田原の姿に驚き、貿易陶磁を持ち、手づくね成形のかわらけを用いた儀式・宴会を行う北条氏の姿に、敵対する気力を失っていった。北条氏が大きな決戦を重ねることなく、越後《えちご》上杉《うえすぎ》氏や甲斐《かい》武田《たけだ》氏を相手に領国を拡大していった背景には、このような手法があった。

北条氏は、氏綱以来五代氏直《うじなお》に至るまで「禄壽応穏《ろくじゅおうおん》」と刻んだ朱印を用いていた。この朱印は、印上部に虎の図があしらわれていたことから虎朱印と呼ばれている。「禄壽応穏」には、「禄(財産)と壽(生命)が応《まさ》に穏やかであるように」との意味合いがあると考えられている。「禄壽応穏」との文言には、北条氏の政治理念が表れているのである。氏綱は、旧体制に依存した権威や儀式を背景に、新たな技術と文化を積極的に取り入れることで、小田原を地域の先進地とした。そして、「禄壽応穏」との印文に表れた氏綱の政治理念は、氏康《うじやす》・氏政《うじまさ》・氏直へと受け継がれていく。

徳川家康との同盟、豊臣秀吉との対立

四代氏政の時期になると、織田信長《おだのぶなが》の台頭、室町幕府の滅亡などを経て、これまでの旧体制に依存した領国支配体制からの脱却に迫られることになる。また、越後上杉氏・甲斐武田氏との関係悪化を打開するため、一五八〇年(天正《てんしょう》八)には織田信長への臣従を決断する。その条件として、嫡男氏直と信長の娘との婚姻を望み、氏政自身は隠居する。

しかし、本能寺《ほんのうじ》の変により信長は横死し、氏政・氏直は信長旧領の上野《こうずけ》・信濃《しなの》・甲斐の切り取りをもくろむ。その結果、甲斐で駿河から北上してきた徳川家康《とくがわいえやす》と対峙《たいじ》することとなり、その和睦《わぼく》交渉のなかで徳川家との同盟・婚姻が成立した。この家康との同盟は、家康と対立していた豊臣秀吉《とよとみひでよし》との対立構造を生むこととなる。信長には積極的に接近した北条氏であったが、秀吉との対立関係が生じたことで小田原合戦へのきっかけが生まれる。

一五八六年(同一四)、九州を平定した豊臣秀吉の次のターゲットはいよいよ東国であった。翌一五

河村城（山北町）県指定

八七（同一五）年、小田原城では五代氏直と隠居した父氏政主導の下、城と城下を囲む総構《そうがまえ》（大構）の構築が開始された。総構とは、自然地形を利用して堀と土塁により城と城下を囲んだものであり、堀は障壁を掘り残した障子堀であり全長は九キロに及ぶ。総構の一部は国史跡に指定されている。

北条氏は、小田原城の西に河村新城（山北町）・河村城（山北町、県史跡）・足柄《あしがら》城（南足柄市）・山中城（静岡県三島市、国史跡）・根府川《ねぶかわ》城（小田原市）などを配し、秀吉軍に備えた。そして、関東各地の支城に軍勢を配備し、神奈川県内では小机《こづくえ》城（横浜市）、三崎城（三浦市）、玉縄城（鎌倉市）、津久井城（相模原市）、田原《たわら》城（秦野《はだの》市）などの中核城郭を中心に防御体制を取った。

天下の軍勢を迎え撃つ――近世社会の幕開け

一五九〇年（天正一八）三月一日、京都を発した秀吉軍の進撃は速く、四月初頭には早雲寺に着陣して小田原城の周りに手勢を配し、北条軍を小田原城に押し込めた。そして、のちに石垣山と呼ばれる山上に築城を命じ、五月一四日には石垣、御座所・台所も完成し、広間・天守の作事に入っている。同時に北条領国内に展開する支城を攻撃し、次々と攻略していく。軍勢の多くを小田原城に置いた北条軍は、小田原城を囲まれているために援軍が出せず、各支城の落城の報に接するばかりとなった。

六月九日、北条氏と通じていた伊達政宗《だてまさむね》が石垣山城(国史跡)に登城し、秀吉の軍門に下った。翌日にも政宗は登城するが、その際に前日にはなかった「塗りたる塀」ができあがっている様子を確認する。政宗は、この塀が紙を張ってつくったものと見抜き、秀吉以下の諸将を感心させたという。このような一夜にして築城が進んでいる様子が、石垣山「一夜城」伝説の基になった可能性がある。

六月二六日、秀吉は石垣山城に入城、その際に小田原城側の樹木をことごとく伐採し、鉄砲を撃ちかけて小田原城の将兵を驚かせたという。これも「一夜城」伝説を物語る逸話であるが、こちらは江戸時代以降の文献に記される事象であるため、史実かどうかは不明である。

石垣山城(小田原市) 国史

石垣山城の出現により戦意を喪失した北条軍は、七月五日に降伏。氏政と弟の氏照《うじてる》は死罪となり、氏直は高野山へと流された。氏政・氏照の墓所は小田原市内にあり、市史跡となっている。

小田原合戦の終結により、秀吉の下で天下一統が成立する。石垣山築城で示された秀吉の力は、中央権力が弱体であった中世とは異なる圧倒的なものであった。小田原城を攻めるための陣城なら土造りの城でも十分であろう。しかし秀吉は巨石を利用し、秀吉ならではのサプライズを隠し味に自身の権力・経済力を誇示した。まさに、秀吉による石垣山築城が、関東地方における近世社会の幕開けを告げることとなった。

(佐々木)

近世《きんせい》小田原城《おだわらじょう》——小田原城址公園《おだわらじょうしこうえん》 ↓P179

関東で唯一、江戸時代を通じて石垣・天守を備えた

小田原城址公園には各所に石垣が残り、一九六〇年(昭和三五)に復興した天守閣が建っている。このような小田原城の姿は、江戸時代以降の姿である。

一六三三年(寛永《かんえい》一〇)に発生した寛永小田原大地震の被害により、戦国時代以来の小田原城と町は失われ、時の藩主稲葉《いなば》正勝《まさかつ》によって築城されたのが近世小田原城である。

「小田原城址公園」は、近世小田原城の本丸・二の丸の範囲に相当する。二〇一六年にリニューアルした天守閣内部ではテーマ展示が行われており、甲冑《かっちゅう》や出土資料などが見学できる。

復興天守閣

DATA
国史 小田原市城内

戦国期《せんごくき》小田原城《おだわらじょう》——小峯御鐘ノ台大堀切《こみねおかねのだいおおほりきり》 ↓P179

堀の中を歩くことで堀の規模と役割を実感

小田原城址公園から西側丘陵部に足を運ぶと、そこには戦国期の小田原城の姿が残る。小峯御鐘ノ台大堀切はその代表的な遺構である。全長二〇〇メートル以上にわたり大規模な堀と土塁が残っており、堀底を歩くことができる。横矢折れ(側面攻撃を行うために堀を屈曲させる)をもつ堀の姿は、要害堅固な小田原城の姿を今に彷彿《ほうふつ》とさせる。

戦国期小田原城の遺構は、丘陵部各所で確認することができ、その壮大さには目を見張るものがある。低地部にも暗渠《あんきょ》水路などとして堀の痕跡が残っており、探しながら散策すると楽しい。

小峯御鐘ノ台大堀切東堀の横矢折れ

DATA
国史 小田原市城山

小机城《こづくえじょう》

↓P173

永享《えいきょう》の乱に際して築かれたとも伝わる城郭で、東西二つの主郭を中心に曲輪《くるわ》を囲む堀割りがよく残る。史跡指定はされていないが、城跡は「小机城址市民の森」となっている。

DATA 横浜市港北区小机町

津久井城《つくいじょう》

↓P178

北条氏配下の他国衆内藤《ないとう》氏の居城であり、小田原合戦時に落城したとされる。発掘調査も行われており、麓のガイダンス施設では、その成果にふれられる。山城部にも曲輪・土塁・石垣などが残る。

DATA 相模原市緑区根小屋・太井

河村城《かわむらじょう》

↓P179

南北朝時代以来の由緒をもつ山城で、県史跡。発掘調査も行われており、障子堀が確認されている。現在は、「河村城址歴史公園」として障子堀の姿などが整備されている。

DATA 県指定 山北町山北・岸

石垣山城《いしがきやまじょう》

↓P179

小田原合戦に際し、豊臣秀吉が築いた石垣造りの城郭である。一夜にして姿を現したとの伝承から「一夜城」としても著名である。石垣山城からの小田原城や相模湾の眺望は見事。

DATA 国史 小田原市早川

早雲寺《そううんじ》

↓P179

北条氏の菩提寺《ぼだいじ》で、肖像画などのゆかりの品を所蔵する。境内には北条氏五代や連歌師宗祇《そうぎ》の供養塔がある。小田原合戦に際しては、当初豊臣秀吉の本陣が置かれた場所でもある。

DATA 箱根町湯本

玉縄城《たまなわじょう》

↓P175

伊勢宗瑞《いせそうずい》が相模平定戦に際して取り立てた城郭である。代々北条氏一族が城主を務め、玉縄北条氏と呼ばれた。遺構の多くは学校建設工事により壊されてしまったが、曲輪や堀切、土塁の一部が残る。

DATA 鎌倉市城廻・植木・玉縄

文化財としての二ヶ領用水

川崎市を縦断

川崎市を縦断して流れる「二ヶ領《にかりょう》用水」は、東京都と神奈川県の都県境である多摩川の水を利用した用水である。用水の名称である「二ヶ領」は、開削当時、稲毛領《いなげりょう》と川崎領という二つの領地にまたがって建設されたことが由来である。

一七世紀初頭の開削以降、現在の川崎市多摩区から川崎区までの田畑を潤し、流域の人々の暮らしを支えてきたが、近代以降は工業用水としても利用され、川崎の近代化を支えた。現在は、建設された当初の目的である農業用水、そして近代以降の工業用水としての役割はほぼ終えているが、一部区間は市民が親しめる空間として整備されるなど、今も地域の人々に利活用されている。

二ヶ領用水に関わった人々
――小泉次太夫と田中丘隅

豊臣秀吉《とよとみひでよし》から国替えを命じられ江戸に入った徳川家康《とくがわいえやす》は、多摩川流域の灌漑《かんがい》治水事業に取り組んだ。二ヶ領用水は、家康の指示を受けた用水奉行の小泉次太夫《こいずみじだゆう》が、一五九七年(慶長《けいちょう》二)から工事を開始し、一六一一年(同一六)に完成したとされ、多摩川を水源とする農業用水としては最古級である。

完成から約一〇〇年がたった江戸時代中期になると、二ヶ領用水は各所で老朽化が進行してきたため、地方巧者《じかたこうしゃ》で御普請役人でもある田中丘隅《たなかきゅうぐ》の指導の下、一七二五年(享保一〇)に大規模な改修工事を行った。この改修工事では、用水を分配する「久地分量樋《くじぶんりょうひ》」や「上河原取入口圦樋《かみがわらとりいれぐちいりひ》」などが新たに設置された。

二ヶ領用水の歴史的価値

二ヶ領用水の歴史的価値をまとめると、次の四点が挙げられる。

①徳川家康の江戸入府にともなう領国経営の一環として

建設され、多摩川に水源を有する最古級の農業用水である。

②近世初期に建設されて以降、利活用する村々(受益《じゅえき》村)が協力して維持管理を行ってきた歴史があり、それが現在の川崎市の地域構成へとつながっている。

③川崎市域の近代化を支えた存在である。

④農業用水から工業用水、そして市民憩いの場(環境用水)へと、位置づけは変遷してきたが、つねに地域の人々から必要とされ、利活用されてきた。

二ヶ領用水(川崎市高津区久地。川崎市教育委員会提供、下も同) 登録

国登録記念物へ

二ヶ領用水は、建設から四〇〇年以上たち、当初の形態や景観が大きく変化している区間も多いが、これまで果たしてきた役割や地域の人々の利活用の変遷などを含め、都市化が進んだ川崎市にあって、近世から現在に至る川崎発展の歴史を理解するうえで意義深い。こうした点が評価され、二〇二〇年(令和二)三月一〇日、全長約一八キロの本用水のうち、川崎市が管理する約一二キロが国登録記念物として登録された。

(栗田)

お花見でにぎわう二ヶ領用水の桜並木(同多摩区宿河原)

7章

江戸時代ににぎわう行楽地

江戸時代は、それ以前の時代に比べて格段に旅が盛んとなる、まさに旅の時代であった。あらゆる階層で寺社参詣や物見遊山の旅、温泉湯治など多彩な旅が展開し、神奈川の各所も参拝者や行楽客で大きなにぎわいをみせた。

旅の流行と寺社・名所旧跡・温泉場

江戸時代の半ば頃になると、天下泰平の世を迎えて社会も安定し、人々の間にいわゆる旅行ブームが広がっていった。この頃には五街道をはじめとする道路網や宿場などの休泊施設、遊興施設といった旅に関わるインフラやサービス施設が整う一方で、道中記や各地の案内書、浮世絵や小説など、旅へと誘うさまざまな情報も広まり、さらに庶民の間にも旅ができる経済的な環境が整った。こうして、旅はあらゆる階層に及び、大衆化・行楽化が進んだ。

なかでもお伊勢《いせ》参りをはじめとする寺社参詣の旅は、旅の制限が厳しいなかで比較的許可が取りやすく、盛んに行われた。こうした旅は、しだいに遊興的な要素も加わって、各地の寺社門前町や往復の街道周辺の名所・旧跡、温泉場などは、行楽の地としても知られるようになった。

現在の神奈川県域では川崎大師《かわさきだいし》や大山《おおやま》、江《え》の島弁財天《しまべんざいてん》、遊行寺《ゆぎょうじ》、最乗寺《さいじょうじ》などの寺社や、鎌倉、金《かな》沢《ざわ》八景《はっけい》といった名所・旧跡、さらには箱根《はこね》をはじめとする温泉場などが、江戸時代の代表的な行楽地であった。これらの地は、多くの旅人たちが行き交う東海道にも近く、また大都市江戸近郊に位置していたことから多くの旅人が訪れ、江戸や東海道からこれらの寺社へ向かう道は、目標地ごとに大師道、金沢道、鎌倉道、江の島道、大山道などと呼ばれるようになった。

江の島全景（藤沢市観光協会提供）

御師による講中の結成

これらの寺社に多くの参詣者が訪れるのは、厄除《やくよ》けや商売繁盛、五穀豊穣などのご利益《りやく》を求めてのことだろう。そのご利益をもたらす各寺社の霊験《れいげん》を広めるうえで大きな役割を果たしたのが各寺社の御《お》師《し》たちである。伊勢神宮の御師《おんし》や冨士山本宮浅間大社《ふじさんほんぐうせんげんたいしゃ》の御師《おし》たちが知られるが、神奈川でも大山や江の島、最乗寺などは御師の活動が活発で、各地に寺社ごとに講中《こうじゅう》が結成された。

大山は相模《さがみ》の霊峰として古くから信仰を集め、別名「雨降山《あめふりやま》」とも呼ばれて雨乞いや五穀豊穣、商売繁盛などのご利益があるとされた。江戸時代になると、徳川家康《とくがわいえやす》による山内改革で下山させられた修験者たちが御師となり、門前で宿坊や土産物《みやげもの》店を営みながら各地

歌川国輝画「大山参詣日本橋之図」(伊勢原市教育委員会所蔵)

に大山寺「不動明王《ふどうみょうおう》」と山頂の「石尊大権現《せきそんだいごんげん》」の霊験を広めていった。彼らは各地に大山講を組織して大山参拝に誘い、宿泊や登拝などの世話を行った。江戸時代の中頃には講中の範囲は関東一円を越えて広がり、檀家《だんか》数も一〇〇万戸を超えたという。なかでも江戸からの参詣者数は年間二〇万人に上った。参詣者たちで門前はにぎわい、巨大な木製太刀《たち》を担ぎ、滝で身を清めて山頂を目指す参詣者の姿は評判となり、浮世絵にも描かれた。

江の島は、三大弁財天の一つ、江の島弁財天が祀《まつ》られ、勝運や芸能、商売繁盛の神として信仰を集め、多くの参拝者が訪れた。とくに女性の参拝者が多かったのも大きな特色である。

江の島では、三社(本宮、上之宮、下之宮)で弁財天が祀られており、その信仰を広めるうえで大きな役割を果たしたのが、それぞれの祭祀《さいし》にあたった岩本本院、上之坊、下之坊の三坊と、そのもとで御師として各地でお札《ふだ》を配り、また参拝者を迎えるなどの活動を行った島民たちであった。

信仰の地としての江の島人気にさらに拍車をかけたのが弁財天のご開帳(公開)だ。毎年の例祭では、弁財天は非公開のため、ひとたびご開帳ともなれば多くの参拝者が江の島へ訪れた。また「出開帳」とも呼ばれた江戸でのご開帳もたびたび行われ、たいへんな人気をよんだという。

このほか古くから信仰を集めた大雄山《だいゆうざん》最乗寺も、御師によって講中が各地で結成され、多くの参拝者でにぎわった。

歌川広重「相州江之島弁才天開帳参詣群集之図」(神奈川県立歴史博物館所蔵)

旅人を惹きつけた名所旧跡

さて江の島といえば、島という特有の風光明媚《ふうこうめいび》な景観も大きな魅力の一つである。優れた景勝地や歴史的な由緒のある土地もまた、名所・旧跡として評判が高まるとともに、多くの旅人を惹《ひ》きつけた。鎌倉や金沢八景はその代表例だ。

鎌倉は、源頼朝《みなもとのよりとも》が幕府を開いた、いわば武家政権発祥の地である。鶴岡八幡宮《つるがおかはちまんぐう》を中心に幕府機関や武家屋敷を置き、その周辺に多くの寺社が建てられるなど、政治や文化の中心都市として栄えた。幕府滅亡後も鎌倉府が置かれるなど東国支配の拠点であったが、鎌倉府が力を失うと、しだいに衰退した。

しかし、江戸時代になると、幕府は徳川家の祖先ゆかりの地である鎌倉を重視し、鶴岡八幡宮や建長寺《けんちょうじ》などの古刹《こさつ》の造営や修理を積

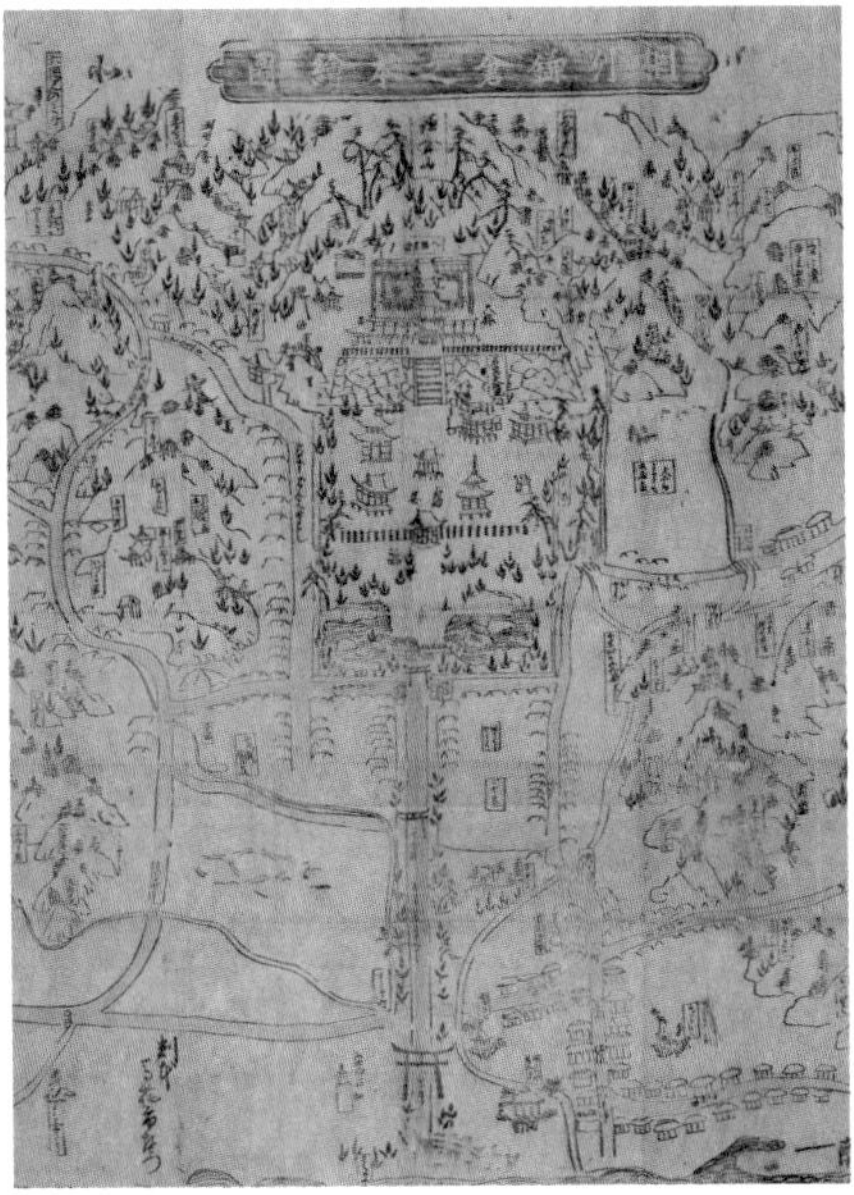
「相州鎌倉之本絵図」(部分。神奈川県立歴史博物館所蔵)

極的に進めた。これにより鎌倉は、いわば武家政権発祥のメモリアルな聖地として再び脚光を浴び、古《いにしえ》をしのぶ旧跡として人々が訪れるようになった。

　一方、海に面した金沢《かねさわ》・六浦《むつら》一帯は、鎌倉幕府の海運拠点として発達した。執権北条《しっけんほうじょう》氏の一族である金沢北条氏が拠点とし、ここに称名寺《しょうみょうじ》を建て、金沢文庫《かねさわぶんこ》を開いたが、鎌倉と命運を共にし、港湾都市としては衰退した。

　やがて江戸時代の前期、明《みん》の禅僧・心越《しんえつ》が、能見堂《のうけんどう》から望む野島と瀬ケ崎《せがさき》に囲まれた入海が織りなすこの地の景観を、中国の「瀟湘《しょうしょう》八景」になぞらえて八つの景勝地にあてはめて能見堂八景の漢詩を詠んだことがきっかけとなり、「金沢八景」の名が広まることとなった。このようにして、古くから景観地として知られたこの地は名所となっていったのである。

　鎌倉や金沢八景の人気は、この地を名所・旧跡として広めたメディアによるところが大きい。江戸などの大都市では、早くから鎌倉の歴史や寺社・遺跡類などを紹介する案内書や紀行文、案内図などが数多く出版され、寺社を中心とする古都鎌倉のイメージを創り上げた。金沢八景も同様で、とくに八景の魅力をビジュアルに伝える浮世絵は、多くの人々を現地へと誘う力となった。やがてこうした案内図などが現地でも制作され、土産物店や旅館などで販売されるようになっていく。とくに金沢では、「金沢八景」発祥地とされる「能見堂」と、「金龍院」の九覧亭は二大眺望地で知られ、両寺から発行される「金沢八景図」はたいへんな人気となった。

歌川広重「武陽金沢八勝夜景」(神奈川県立歴史博物館所蔵)

「一夜湯治」が変えた温泉観光地箱根

箱根温泉は、古くから病気療養のための湯治場として知られ、江戸時代の初めには湯本温泉をはじめ七つの温泉場が開かれて、のちに「箱根七湯《ななゆ》」と総称された。一六四四年(正保《しょうほう》元)から将軍に温泉を献上する献上湯が行われると、湯治場としての評判も高まり、江戸を中心に湯治客が増加した。

箱根での湯治は三週間かけて行われるのが一般的だったため、やがてその長期滞在の間に周辺の風景や旧跡へと興味が向けられるようになり、文人たちの間からしだいに名所として広まっていった。

さらに箱根山中を通る東海道を往来する旅人が増えるようになると、

歌川広重「箱根七湯図会　宮の下」(箱根町所蔵)

街道をそれて箱根温泉に足を延ばす者も増えていった。このような一般的な湯治とは異なる短期宿泊者が増加したことで、一八〇五年(文化《ぶんか》二)に宿場(小田原《おだわら》宿・箱根宿)と温泉場(湯本温泉)間で宿泊客をめぐる争論が発生した。いわゆる「一夜湯治事件」と呼ばれるこの一件は、道中奉行が本来認められていない温泉場での旅人の休泊を「一夜湯治」と認めたことで、温泉場の短期宿泊が公認されることとなった。

こうして箱根温泉は、街道を行く旅人の立ち寄り湯や、温泉とともに物見遊山を楽しむ旅など、湯治にとらわれない入浴客も増え、大衆化・行楽地化が進んだ。複数の温泉場を巡る「七湯廻《めぐ》り」なども行われるようになり、箱根権現《ごんげん》(現在の箱根神社)や芦之湯《あしのゆ》温泉近くの精進池《しょうじんいけ》周辺に遺《のこ》る鎌倉時代後期の石仏・石塔群(国史跡)などが観光名所となった。行楽地化が進んだ箱根温泉は、やがて温泉観光地へと発展していく。

行楽地の複合化——巡覧コースによる回遊観光

一八一〇年(文化七)に八隅蘆菴《やすみろあん》が著した『旅行用心集』は、箱根温泉について、「江戸に近く、箱根関所の手前にあるので改めを受ける必要もない。道中は平坦《へいたん》で、途中には江の島や鎌倉、金沢八景などの景勝地もあるので、行楽がてら湯治へ赴くのに格好の温泉地である」と紹介している。すでに江戸から箱根への湯治旅は、温泉場だけでなく、金沢や鎌倉、江の島といった名所・旧跡を道中に組み込んだ行楽の旅が一般的となっていたことがわかる

このように、当時の旅は寺社などの目的地一カ所のみを訪れるのではなく、複数箇所をセットで巡覧するのが一般的だった。たとえばお伊勢参りでは伊勢神宮だけでなく京都や奈良、はては金比羅《こんぴら》、厳《いつく》島《しま》などへと足を延ばすこともあり、またその道中各所で近辺の名所旧跡を訪れることも多かった。

神奈川県域でも、東海道から金沢八景・鎌倉・江の島を巡って東海道に戻るコースや、大山詣《もうで》に最乗寺や江の島詣を加え、さらに箱根での湯治を楽しむなど、さまざまな巡覧コースが旅のプランに採り入れられた。こうした行楽地のセット化はやがて定型化し、互いの相乗効果で参詣者増につながった。たとえば箱根温泉では、湯本温泉に伊勢講や大山講、富士講の団体が参詣の途中に群れをなして宿泊したといい（『七湯の枝折《しおり》』、一八一一）、多数の旅人でにぎわう様子がうかがえる。

神奈川県域は江戸近郊で、さらに箱根関所の手前に位置していたことで、江戸の人々にとっては数日間でこれらの寺社参詣や名所・旧跡の巡覧、温泉湯治などが気軽に楽しめる行楽地として大きなにぎわいをみせるようになった。

（鈴木）

川崎《かわさき》大師《だいし》

厄除けで知られる屈指の名刹

↓P172

正式には金剛山金乗院平間寺《こんごうさんきんじょういんへいけんじ》と称する真義真言宗の名刹。寺名の由来となった平間兼乗《ひらまかねのり》が、無実の罪で全国を流浪するなか、川崎の地で夢のお告げにより海中から引き揚げたとされる弘法《こうぼう》大師像を本尊とし、一一二八年(大治《だいじ》三)、高野山の尊賢上人《そんけんしょうにん》によって開かれた。

江戸に近く、また将軍徳川家《とくがわいえ》斉《なり》が厄除け祈願に参拝したことから「厄除け」で知られ、江戸庶民を中心に多くの参詣者でにぎわう。東海道からは大師道で結ばれ、境内には寛永《かんえい》五年銘の六字名号と寛文《かんぶん》三年銘の弘法大師道標という二基の石塔があり、同寺の歴史の古さを物語る。

川崎大師提供

DATA 川崎市川崎区大師町

箱根《はこね》神社《じんじゃ》

関東総鎮守として武将武士に崇敬された

↓P179

箱根山への山岳信仰から、奈良時代の七五七年(天平宝字《てんぴょうほうじ》元)に万巻《まんがん》上人によって芦ノ湖畔《あしのこはん》の現在地に創建された。古くは箱根権現と称し、鎌倉時代には源頼朝《みなもとのよりとも》以降歴代将軍が二《に》所詣《しょもうで》を行ったのをはじめ、関東公方足利《くぼうあしかが》氏や小田原北条《ほうじょう》氏、徳川将軍家など多くの武将たちに崇敬されて大きく発展した。

江戸時代には東海道から箱根権現への参詣道も整備され、箱根山越えの旅人たちの多くが箱根権現へ詣で、門前は大きくにぎわった。現在宝物館では、その歴史を物語る万巻上人像や神像、箱根権現縁起(いずれも国重文)などが公開されている。

箱根町観光課提供

DATA 箱根町元箱根

遊行寺《ゆぎょうじ》

→P176

藤沢山《とうたくさん》無量光院《むりょうこういん》清浄光寺《しょうじょうこうじ》と称する時宗総本山。一時荒廃したが、江戸時代に再興。東海道藤沢宿に近く、参拝客も多い。「小栗判官《おぐりはんがん》」ゆかりの寺院。「一遍《いっぺん》上人絵伝」(国宝)などの文化財を所蔵。

DATA 藤沢市西富

最乗寺《さいじょうじ》

→P179

山号を大雄山《だいゆうざん》と称する曹洞宗寺院。開山了庵慧明《りょうあんえみょう》の弟子・道了《どうりょう》にちなみ「道了さん」の名で親しまれる。箱根外輪山北側山中の境内へは、大山や小田原から関本を経て参詣するのが一般的。

DATA 南足柄市大雄町

能見堂跡地《のうけんどうあとち》

→P173

能見堂は東海道保土ケ谷《ほどがや》宿から金沢への道中の高台にある地蔵院で、明の僧・心越《しんえつ》禅師による『金沢八景』発祥の地として知られる。現在跡地には「金沢八景根元地」の石碑がある。

DATA 横浜市金沢区能見台

八臂弁財天坐像《はっぴべんざいてんざぞう》

→P176

江の島に伝わる弁財天像で、八本の腕に宝珠《ほうじゅ》や剣などを持ち、頭上に宇賀神《うがじん》を頂く。鎌倉時代に運慶《うんけい》派の仏師によりつくられ、宇賀弁財天では最古の遺品。現在は江島神社奉安殿にて公開されている。

DATA 重文 藤沢市江の島(江島《えのしま》神社所蔵)

長谷観音《はせかんのん》

→P175

奈良時代開創と伝える鎌倉有数の浄土宗古刹。正式には海光山《かいこうざん》慈照院《じしょういん》長谷寺《はせでら》。本尊の十一面観音菩薩像《じゅういちめんかんのんぼさつぞう》は木造仏としては日本最大級。近くの長谷大仏とともに鎌倉西方の名所である。

DATA 鎌倉市長谷

元箱根石仏群《もとはこねせきぶつぐん》

→P179

鎌倉時代後期に造立された地蔵信仰にもとづく石仏・石塔群。江戸時代には曽我《そが》兄弟の墓(五輪塔)、多田満仲《ただみつなか》の墓(宝篋印塔《ほうきょういんとう》)、六道《ろくどう》地蔵(地蔵菩薩像)などの名で知られた。

DATA 国史 重文 箱根町元箱根

8章

横浜開港と神奈川県の誕生

ペリー来航と横浜開港は、神奈川県の近代史の始点であるだけでなく、日本の近代史の幕開けを告げる重要な出来事であった。以後、横浜を中心とする神奈川県域は、西洋文明の摂取の窓口と日本の文物の海外への発信拠点という役割を担いつつ成長・発展を遂げていく。

ペリー来航と横浜開港――「港都」横浜の誕生

8章では、幕末のペリー来航からおおむね明治時代後期までを扱う（ただし、都市のインフラ整備と湘南《しょうなん》地域の別荘地は9章を参照）。

一八五三年（嘉永《かえい》六）に、アメリカ東インド艦隊司令長官ペリーが、四隻の艦隊を率いて浦賀《うらが》沖へ来航、交渉と威嚇の末に久里浜《くりはま》へ上陸して、応接にあたった浦賀奉行《ぶぎょう》へ大統領の国書を手渡した。翌一八五四年に七隻の軍艦とともに再来したペリーは横浜に上陸し、幕末の大火や関東大震災での被災を乗り越え、現在も横浜開港資料館（旧横浜英国総領事館《そうりょうじかん》、市指定）の敷地内に立つ「玉楠《たまくす》の木」のもとで、幕府と日米和親条約《にちべいわしんじょうやく》を締結する。さらに、一八五八年（安政《あんせい》五）には、幕府とアメリカ・オランダ・ロシア・イギリス・フランスの五か国との間で通商条約が結ばれ（安政五か国条約）、神奈川（横浜)をはじめとする五港での貿易が開始される。神奈川県域は、日本が「鎖国《さこく》」から「開国」へ、そして近代国家としての歩みを進めていく最前線に立つこととなった。

安政五か国条約の規定により横浜が開港したのは、一八五九年七月一日(安政六年六月二日)のことである。条約に定められた開港場は神奈川であったが、幕府は攘夷《じょうい》運動への警戒などの理由から東海道の宿場である神奈川を避け、横浜への開港場建設を強行した。人家もまばらな半農半漁の村であった横浜に、わずか数カ月で中央部に運上所《うんじょうしょ》と二本の波止場《はとば》(のちに改修され「象の鼻」と称されるようになった)を置き、それらと現在の横浜スタジアムの位置に設けた遊郭《ゆうかく》「港崎町《みよざきちょう》」を結ぶ区画をはさんで、その東側を外国人居留地《きょりゅうち》(山下《やました》居留地)、西側を日本人街とする開港場が整備された。出島《でじま》のように海と川に囲まれ、出入りする関門が設けられたことから、開港場は「関内《かんない》」と呼ばれるようになった。一八六六年(慶応《けいおう》二)の大火で、開港場は日本人街・居留地とも大きな被害を受けるが(大火後に日本大通《にほんおおどおり》が新設される)、それを契機に居留地では本格的な洋風建築が広がっていくこととなる。なお、山手《やまて》が居留地として開放されたのは一八六七年(同三)で、以後、主として居留外国人の住宅地として利用された。

浦賀奉行所跡　敷地と堀割や石橋などの遺構が現存する（横須賀市教育委員会提供）

開港場での貿易は、外国人の居留地外での商業活動が条約で禁じられたため、日本人街の日本人商人との間で行われた。日本人商人には、外国人商人から輸入品を買い取る引取商と外国人商人へ輸出品を売り込む売込商がおり、後者には地方商人出身で、生糸販売から出発して横浜を代表する経済人へと成長した原善三郎《はらぜんざぶろう》や茂木惣兵衛《もぎそうべえ》などがいた。貿易開始から明治初期にかけての主要な輸出入品としては、輸出では当初から生糸が五〇~八〇パーセントと高い比率を占め、蚕種《さんしゅ》(蚕の卵)や茶も取引きされた。輸入では綿織物や毛織物を中心に、綿糸・武器・船舶などが扱われている。全国の輸出入額に占める横浜の割合は七〇~八〇パーセントに上り、横浜の貿易港としての地位は圧倒的なものであったことがわかる。

横浜で暮らす外国人たちには、条約で自由に旅行できる遊歩区域が設定され、その範囲は横浜から一〇里の範囲で酒匂川《さかわがわ》や大山《おおやま》、八王子《はちおうじ》が含まれるが、東側のみ多摩川《たまがわ》が境界とされた。外国人たちが区域内で旅行を楽しんだ様子は、遊歩区域の縁辺に位置し避暑地として親しまれた愛甲《あいこう》郡宮ケ瀬《みやがせ》村(現清川《きよかわ》村)でもうかがわれ、宮ケ瀬遺跡群北原《きたばら》遺跡内長福寺《ちょうふくじ》址の発掘調査ではワインボトルや皿などの多量の西洋遺物が出土している。なお、明治時代に入ると、一〇里以遠を旅行できる「内地旅行免状」が発行されるようになり、箱根《はこね》などへも足を延ばすことができるようになった。

神奈川県の成立

一八六八年(慶応四)一月の鳥羽《とば》・伏見《ふしみ》の戦いに始まる戊辰《ぼしん》戦争の戦火は、神奈川県域にも及び、同

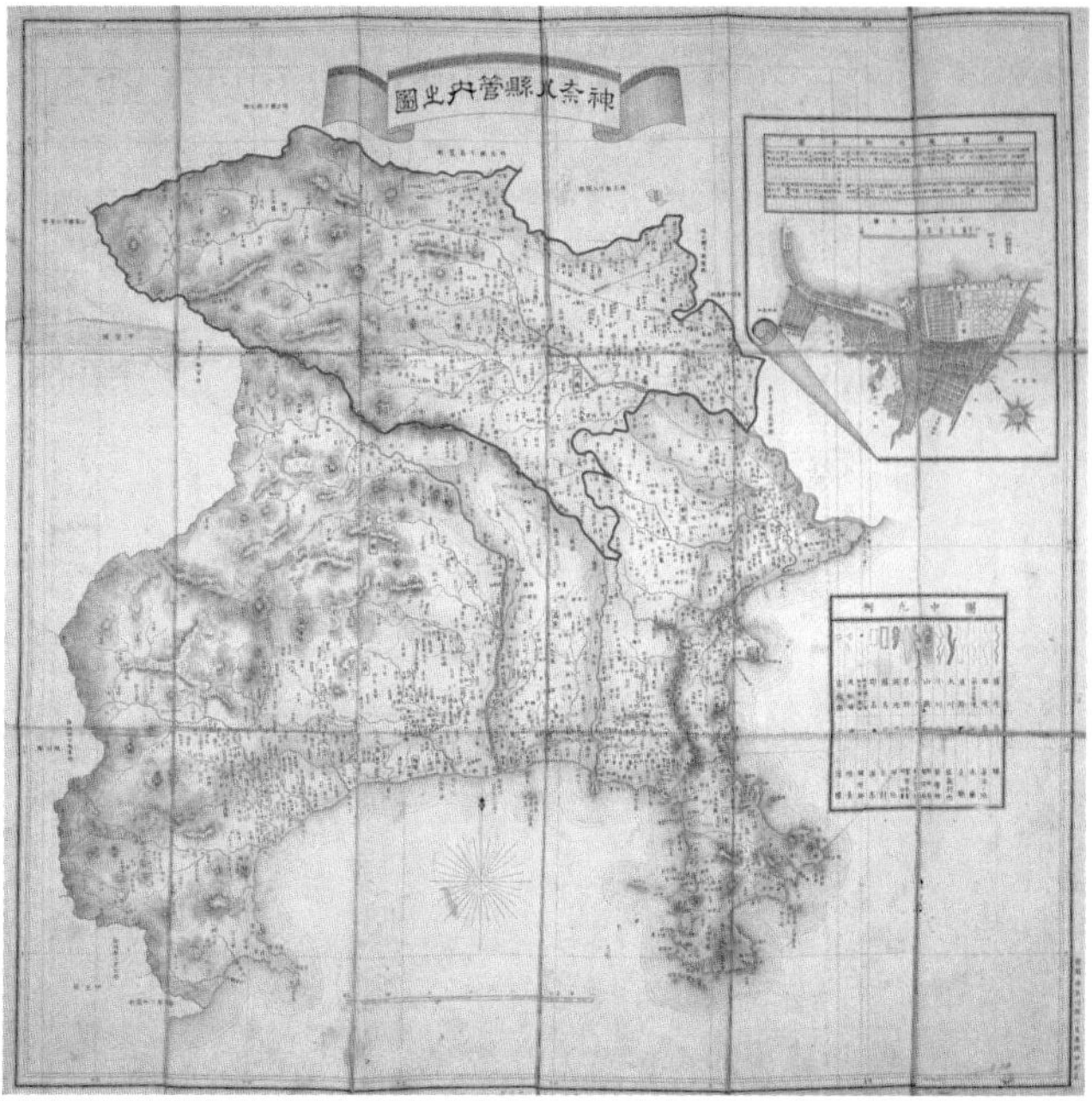

神奈川県管内之図　多摩郡(赤線で囲んだ部分。のち、南・北・西多摩郡)を管轄していた時期の神奈川県域を描く(1877年頃。神奈川県立歴史博物館所蔵)

年五月には小田原《おだわら》藩と佐幕《さばく》派の遊《ゆう》撃隊《げきたい》との間で箱根戦争が勃発する。

こうした戦乱の最中の同年三月一九日に、新政府は幕府による横浜の開港場の統治機構であった神奈川奉行所を継承して東久世通禧《ひがしくぜみちとみ》を総督とする「横浜裁判所」を設置した。これが行政機構としての神奈川県の起源である。この横浜裁判所は同年四月に「神奈川裁判所」、同年六月に「神奈川府」と短期間のうちに名称が変遷し、「明治」改元直後の同年九月に「神奈川県」が設置される。県のトップである「知県事」には寺島宗則《てらしまむねのり》が就任した。この府藩県三治制下の神奈川県は、一八六九年(明治二)

横浜税関本関庁舎　現在の庁舎は関東大震災後の1934年（昭和９）竣工（横浜市中区。筆者提供）

の版籍奉還《はんせきほうかん》を経て、一八七一年七月の廃藩置県《はいはんちけん》まで継続する。

　廃藩置県により現在の神奈川県域には、橘樹《たちばな》・都筑《つづき》・久良岐《くらき》・鎌倉《かまくら》・三浦《みうら》郡を管轄する神奈川県と、高座《こうざ》・大住《おおすみ》・淘綾《ゆるぎ》・愛甲《あいこう》・津久井《つくい》・足柄上《あしがらかみ》・足柄下《しも》郡と伊豆《いず》国を管轄する足柄県が設置され、同年一一月には多摩郡と高座郡が外交上の見地から神奈川県に編入された。さらに、一八七六年の府県統廃合で足柄県が廃止されると伊豆国を除く同県の県域を編入して、現在の東京都三多摩地域を含む県域を治める神奈川県が成立する。三多摩が東京府に移管されることにより、現在の県域が確定したのは一八九三年四月一日のことであった。

　三多摩移管の理由としては、東京の水源地である多摩川の管理を東京府が行うことができる、甲武《こうぶ》鉄道の開通により三多摩と東京との結びつきが強まってきた、などが挙げられたが、三多摩は神奈川県内に設立された一〇〇を超える民権結社の半数近くが集中する自由民権運動が盛んな地域で、突如衆議院に提出された三多摩移管の法案は、県内の自由党と立憲改進《りっけんかいしん》党の党派対立をもたらすこととなった。

　なお、幕府が神奈川奉行所の一機構として設置した貿易・関税事務や諸外国との交渉などをつかさどる神奈川運上所が置かれた場所は、現在の神奈川県庁本庁舎(神奈川県庁舎、国重文)所在地である。また、明治維新後に設置された貿易・関税事務を担う国の行政機関である横浜税関は、二度の移転を経て県庁に近接した地に現在の庁舎が立地している。

新橋—横浜間鉄道の開通と鉄道網の整備

外国文化摂取の最前線にあった横浜では、さまざまな「日本初」の文物が生まれており、それらは「横浜もののはじめ」とも呼ばれているが、その代表格に位置づけられるのが鉄道であろう。開港後の異国情緒あふれる横浜の街並みや外国人とその風俗などを題材として出版された横浜浮世絵《うきよえ》でも、鉄道は文明開化の象徴として人気のアイテムで、鉄道を描いた作品が数多く出版されている。

江戸(東京)と開港場・横浜を結ぶ鉄道については、幕末期から複数の事業構想があったが、明治政府はイギリスからの借款による資金とモレルを中心とする「お雇い外国人」による技術支援を受けて建設に着手し、一八七二年(明治五)五月に品川《しながわ》—横浜間が仮開業、同年九月一二日(陽暦では一〇月一四日)には新橋《しんばし》—横浜間が全線開通する。路線内の停車場は品川のほか、川崎《かわさき》・鶴見《つるみ》・神奈川の四駅で、新橋—横浜間の所要時間は五三分であった。開業当初の輸送業務はお雇い外国人に依存したが、日本人技術者を養成し徐々に脱却を図っていった。創業期は旅客収入が貨物収入の一〇倍程度と圧倒的優位にあり、日本鉄道会社が一八八〇年代半ばに現在のJR高崎《たかさき》線や宇都宮《うつのみや》線を開業させると、連携輸送により貨物収入が急伸していく。また、当初は開港場路線として計画された新橋—横浜間鉄道は、政

初代横浜駅　1872年(明治５)竣工、ブリジェンス設計。横浜駅は東海道線の整備にともない、1913年と1928年に移転している(部分拡大、神奈川県立歴史博物館所蔵)

府の方針転換により東京と京都・大阪を結ぶ幹線鉄道(現在のＪＲ東海道線)となり、一八八六年から延伸に着工し、突貫工事で翌年に横浜―国府津《こうづ》間、八九年には新橋―神戸《こうべ》間の全線が開通した。当時の路線は箱根山を迂回《うかい》する御殿場《ごてんば》経由のルートになっており、一九三四年(昭和九)の丹那《たんな》トンネル開通にともなう東海道線のルート変更と戦時期の複線区間の廃線を経て、現在のＪＲ御殿場線の山北《やまきた》―駿河小山《するがおやま》間には一八八九(明治二二)年の延伸工事と一九〇一年竣工《しゅんこう》の複線化工事時のトンネルや橋脚が現存している。

　明治期に整備された東海道線以外の県内鉄道には、軍港都市横須賀《よこすか》への接続線となる官営鉄道大船《おおふな》―横須賀間(一八八九年、現ＪＲ横須賀線)、川崎大師《だいし》への参詣鉄道で関東地方初の電車線となった大師電気鉄道(のち、京浜《けいひん》電気鉄道、現京浜急行電鉄)六郷橋《ろくごうばし》—大師間(一八九九年、品川—神奈川間全通は一九〇五年)、小田原馬車鉄道(のち、小田原電気鉄道、現箱根登山鉄道)国府津—湯本《ゆもと》間(一八八八年、当初は馬車鉄道、一九〇〇年全線電車営業開始)、江ノ島《えのしま》電気鉄道(のち、横浜電気、現江ノ島電鉄)藤沢《ふじさわ》—小町《こまち》(鎌倉)間(一九一〇年)、横浜鉄道(現JR横浜線)東神奈川—八王子間(一九〇八年)、湘南馬車鉄道(のち、湘南軽便鉄道、現在は廃止)秦野《はだの》—二宮《にのみや》間(一九〇六年、当初は馬車鉄道、一九一三年〈大正二〉軽便鉄道化)などがある。一九〇六年(明治三九)の鉄道国有法以前は私鉄優位の時代であったが、鉄道発祥の地である神奈川県域でも軍事鉄道や観光鉄道、産業鉄道など多様な鉄道が整備され、地域社会の変容に大きな影響を及ぼすこととなったのである。

工業化の進展——ビールから京浜工業地帯の形成へ

神奈川県の近代史を語るうえで重要な要素の一つに、明治時代末から京浜《けいひん》間の臨海部を中心に進展した工業化がある。こうした動きが本格化する以前の県域にも、横須賀造船所(一八七一年〈明治四〉に横須賀製鉄所から改称、翌年に海軍省の所管となる)という大工場が存在したが、横浜は貿易を核とした商業都市であり、横浜を含めた県内での工業化の歩みは、明治時代後期に入っても総じて緩慢なものであった。

そのようななかで、横浜で発祥し戦前段階で食品産業の主要な業種へと成長を遂げたビール産業の

麒麟麦酒開源記念碑(横浜市中区。筆者提供)

明治期の県内での動向を通観したい。日本国内でのビールの本格的な工業生産は、横浜・山手の外国人居留地で一八六九年に創業したジャパン・ヨコハマ・ブルワリーを嚆矢《こうし》とし、次いで翌一八七〇年にコープランドがスプリング・バレー・ブルワリーを創業する。このうち、前者は短期間で廃業に至るが、後者は山手居留地の湧水を使用して、上面発酵のイギリス風と下面発酵のドイツ風の両タイプのビールを醸造し、十数年にわたり事業を継続した。山手居留地で操業したこれらのビール醸造所は居留外国人への販売を企図した事業であったが、国内でも清酒・醤油《しょうゆ》の醸造家や開拓使などの行政機関がビール醸造に参入し、日本人をターゲットにした事業も立ち上がっていく。そして、一八八六年には国内生産高が輸入高を凌駕《りょうが》し、国内生産拡大の前提が整うのである。ただし、明治一〇年代を中心に全国に多数設立されたビール醸造所は中小規模のもので、ビールの熱処理などの技術革新を導入し、大規模生産を志向するメーカーが登場するのは、明治一〇年代末以降のことであった。横浜では、経営破綻したコープランドの醸造所の敷地を継承して、一八八五年にジャパン・ブルワリー社が設立され、最新鋭の機械設備を導入した生産体制を確立し、一八八八年に「キリンビール」を発売する。同社の事業は一九〇七年に麒麟麦酒《びーる》へと引き継がれ、山手でのビール醸造は関東大震災で工場が倒壊するまで継続した。

なお、コープランドのスプリング・バレー・ブルワリーと「キリンビール」工場の敷地跡の一部は公園として整備され、当地でのビール醸造の歴史を刻んだ巨大な石碑「麒麟麦酒開源記念碑」が立ち、付近の小学校の敷地内には、ビール醸造用水を汲《く》み上げた煉瓦《れんが》造りの井戸も現存する。

県内での本格的な工業化の動きは、日露戦後の川崎の多摩川流域での工場立地に始まる。水陸の交通が便利で地価が安く、横浜港へのアクセスが容易であるなどの優位性を背景に、石井泰助《いしいたいすけ》町長を中心とした川崎町をあげての積極的な工場誘致策により、横浜精糖(一九〇六年)、東京電気(一九〇七年)、富士瓦斯紡績《ふじがすぼうせき》(一九一三年〈大正二〉)などが相次いで進出した。この動きに続いて、大正時代に入り浅野《あさの》財閥を築いた実業家の浅野総一郎《そういちろう》らが川崎・鶴見の海面の大規模埋め立てによる工場用地の造成に着手する。新たに造成された埋め立て地には日本鋼管、旭硝子《あさひがらす》、浅野セメント、日清製粉などが進出した。こうして臨海部の埋め立て地への工場立地を特徴とする京浜工業地帯が形成され、神奈川県は工業県の性格を強めていくこととなるのである。

(丹治)

旧《きゅう》横《よこ》浜《はま》正《しょう》金《きん》銀《ぎん》行《こう》本《ほん》店《てん》本《ほん》館《かん》

↓P172

「エースのドーム」をもつ外国貿易業務専門銀行

一九〇四年（明治三七）に竣工《しゅんこう》したコリント式の大オーダーと巨大なドームが特徴の地上三階地下一階建ての大規模な銀行建築。明治建築界の三巨頭のひとりである妻木頼黄《つまきよりなか》の代表作。構造の主体は煉瓦《れんが》造りだが、外壁は石造で花崗岩《かこうがん》の真壁《まかべ》石（茨城県産）・北木《きたぎ》石（岡山県産）とデイサイトの白丁場《しろちょうば》石（神奈川県産）が併用される。一九二三年（大正一二）の関東大震災では地階を除く内装とドームを焼失した。

一九六七年（昭和四二）より神奈川県立博物館として使用され、一九九五年（平成七）に神奈川県立歴史博物館へリニューアルした。

神奈川県立歴史博物館提供

DATA
重文 国史 横浜市中区南仲通（現神奈川県立歴史博物館）

神《か》奈《な》川《がわ》県《けん》庁《ちょう》舎《しゃ》

↓P172

「キングの塔」と親しまれる現役の県庁舎

幕末開港時に神奈川運上所《うんじょうしょ》が置かれ、一八八三年（明治一六）以降一貫して県庁の敷地であった地に、関東大震災で全焼した三代目庁舎の後継として一九二八年（昭和三）に建てられた四代目県庁舎。設計コンペ一等当選の小尾嘉郎《おびかろう》案をもとに県の建築技師らが実施設計を行った。鉄骨鉄筋コンクリート造り地上五階地下一階建ての建物中央東寄りに四階建ての「キングの塔」が据えられる。塔や内装の和風意匠から「日本趣味」建築の先駆的事例に位置づけられるが、独自の幾何学的な装飾からはアール・デコ様式の影響も感じられる。

神奈川県提供

DATA
重文 横浜市中区日本大通（現神奈川県庁本庁舎）

神奈川台場跡《かながわだいばあと》

↓P173

横浜防衛のため、横浜開港翌年の一八六〇年(万延元《まんえん》)に勝海舟《かつかいしゅう》設計、松山藩施工により竣工《しゅんこう》。祝砲や礼砲を発射する儀礼的役割も担った。間知石《けんちいし》積みの石垣が露出している箇所が複数現存する。

DATA 横浜市神奈川区神奈川・星野町

スチームハンマー

↓P174

一八六五年(慶応元《けいおう》)オランダ製で、翌六六年に横須賀製鉄所に設置され、横須賀海軍工廠《こうしょう》を経て戦後まで稼働した。三トン門形と〇・五トン片持ち形が現存し、ヴェルニー記念館内に保存される。

DATA **重文** 横須賀市逸見町(旧横須賀製鉄所設置)

象《ぞう》の鼻《はな》

↓P172

横浜開港当初は直線状の東波止場《はとば》(イギリス波止場)と西波止場(税関波止場)であったが、一八六七年(慶応三)に湾曲して船溜《ふなだ》まりを形づくるように改修された。二〇〇九年(平成二一)復元整備。

DATA 横浜市中区海岸通

旧《きゅう》横浜《よこはま》居留地《きょりゅうち》48番館《ばんかん》

↓P172

山下《やました》居留地遺跡と一体をなす区画に立地する一八八三年創建のイギリス系貿易商社「モリソン商会」の建物の一部。フランス積みの煉瓦造りで山下居留地に現存する最古の外国商館建築遺構。

DATA **県指定** 横浜市中区山下町

福住旅館《ふくずみりょかん》(金泉楼《きんせんろう》・萬翠楼《ばんすいろう》)

↓P179

一六二五年(寛永二《かんえい》)創業の旅館の第一〇代当主・福住九蔵《くぞう》(正兄《まさえ》)が建てた擬洋風建築。一八七七年(明治一〇)竣工の金泉楼と、翌年竣工の萬翠楼からなり、現在も現役の旅館として使用されている。

DATA **重文** 箱根町湯本

旧《きゅう》キリンビール工場跡《こうじょうあと》

↓P172

日本ビール産業の祖コープランドが一八七〇年(明治三)にビール醸造所を置いた場所。敷地を継承したジャパン・ブルワリー(のち麒麟麦酒《きりんびーる》)が関東大震災まで「キリンビール」を醸造していた。

DATA 横浜市中区千代崎町(現キリン園公園)

9章 都市の近代化と発展

明治以降、神奈川県内で急成長を遂げた都市の筆頭が、横浜と横須賀である。かたや国際貿易港として、かたや軍港として、港を中心に都市の近代化が進められた。一方で鉄道網の広がりとともに、鎌倉・湘南・箱根などの地域が、都市近郊の保養地・別荘地として発展していった。

近代都市の基盤整備――横浜・横須賀

幕末の開港当初、二本の突堤からなる小さな波止場《はとば》だった横浜港は、明治二〇年代から大正時代初期にかけて、明治政府による二度の築港工事を経て、東洋一と称された近代的な港湾としての威容を整えていった。

一八八九年(明治二二)に着工した第一期築港工事では、イギリス人技師パーマーの計画にもとづき、大型の船舶を係留するための鉄製桟橋(現在の横浜港大さん橋国際客船ターミナル所在地)のほか、安定した停泊地を確保するために、北水堤・東水堤の二つの防波堤が建設された。この第一期工事は、明治政府の予算によって官営事業として進められたが、民間では、一八八八年に実業家原六郎《はらろくろう》らが横浜船渠《せんきょ》株式会社を設立し、船舶を修繕するための二基の石造ドック(現存)を築造した。大正時代には、同社は造船業と倉庫業にも事業を拡大し、横浜港を支える中心的な存在となっていった。

　一八九五年に桟橋の供用が開始されると、横浜と海外の諸都市を結ぶ航路が次々と開設され、横浜港の貿易量は増加の一途をたどった。明治政府は早々に、横浜税関の拡張工事として第二期築港工事をスタートさせた。大型船舶が接岸できる国内初の岸壁埠頭《ふとう》を造成し、埠頭内には鉄道の貨物線を引き込んで、陸上輸送と海上輸送を直結させる近代的な港湾計画であった。大幅な予算超過や日清戦争の勃発などで工事は一時中断を余儀なくされるが、横浜市が費用の分担を申し出たことで工事は再開し、一九一七年(大正六)に新港埠頭が完成した。

　現存する二棟の赤レンガ倉庫は、この新港埠頭の保税倉庫として建設されたもので、現在は倉庫の広大な空間を活用した商業施設として再生し、横浜を代表する観光地の一つとなっている。ＪＲ桜木《さくらぎ》町《ちょう》駅前からは、かつての貨物線の線路跡「汽車道《きしゃみち》」を通って、赤レンガ倉庫まで歩いて向かうことができるが、倉庫の周囲には、当時の税関事務所の煉瓦《れんが》遺構が保存され、臨港鉄道の横浜港駅のプラットホームが復元されるなど、往時の新港埠頭の全体像が理解できるような、遺構の活用がなされている。

　一方、横浜港の築港工事に先がけて、横浜では、一八八七年(明治二〇)に日本初の近代水道の供給が始

当時の石畳がわずかに残る横浜赤レンガ倉庫(横浜市中区。横浜市認定歴史的建造物。筆者提供)

まっている。在来の技術であった木樋《もくひ》水道に代わって、浄水設備をもち、鉄管によって一定の水圧で供給される近代水道は、築港工事と同じく技師パーマーによって設計された。相模川《さがみがわ》上流で取水された水は、約四四キロの距離を鋳鉄管《ちゅうてつかん》によって運ばれ、野毛山浄水場《のげやまじょうすいじょう》を経て、横浜の市街地へと供給された。その後も数次にわたる拡張工事によって、水道の供給範囲は拡大していくが、一九一五年(大正四)の第二次拡張工事で新設された西谷《にしや》浄水場には、濾過《ろか》池や配水池に付随する煉瓦造上屋などが現存している(いずれも国登録)。

横須賀《よこすか》では、幕末に開設された横須賀製鉄所(のち横須賀造船所と改称)を中心に、海軍の拠点として都市インフラの整備が進められてきた。横須賀最初の水道は、造船所の技師ヴェルニーが、走水《はしりみず》の水源から造船所まで七キロの区間に土管を埋設して、一八七六年(明治九)に完成させたものであるが、この時点ではまだ有圧給水ではなかった。

一八八四年に横須賀鎮守府が設置され、軍港での水需要が急増すると、土管から鋳鉄管へと水道管の敷設替えがなされ、さらに日清・日露戦争後の軍備増強を背景に、走水系統の水道は二期にわたって大規模な拡張工事が行われた。この時期に整備された煉瓦造貯水池(一九〇二年)や鉄筋コンクリート造浄水池(一九〇八年)が現存している(いずれも国登録)。

そして一九一八年(大正七)、海軍は新たな軍港水道として、相模川支流の中津川を水源とする近代水道(半原《はんばら》系統)を完成させた。これを受けて、海軍は横須賀市に対して、旧来の走水系統の水道施設を全面的に貸与することとし、また半原系統からも逸見《へみ》浄水場を経由して、市域に給水されることとなり、一九二二年、全市域を給水区域とする横須賀市営水道が創設された。

別荘地としての発展

江戸時代から、横浜の海岸部は文人たちが訪れる遊覧の地であったが、明治時代には別荘地として好まれるようになる。太政大臣《だじょうだいじん》を務めた三条実美《さんじょうさねとみ》は、風光明媚《ふうこうめいび》で知られた富岡《とみおか》に別荘「富岡海荘」を所有し、自身の別荘を題材に、日本画家の荒木寛畝《あらきかんぽ》に絵巻『富岡海荘図巻』(一八八八年、横浜開港資料館所蔵)を描かせている。

また初代総理大臣の伊藤博文《いとうひろぶみ》は、一八九八年(明治三一)に、金沢八景《かなざわはっけい》の名勝で知られる金沢に茅葺《かやぶ》き屋根の和風の別邸を構えた。この別邸は現在「旧伊藤博文金沢別邸」として横浜市有形文化財に指定されている。そして本牧《ほんもく》では、生糸《きいと》貿易で財をなした実業家原富太郎《はらとみたろう》が、京都や鎌倉の古建築を移築するなど広大な日本庭園を整備し、「三溪園《さんけいえん》」(三溪は富太郎の雅号《がごう》)として公開した。

こうした海浜別荘地への視線は、鉄道の開通とともに、鎌倉から湘南《しょうなん》地域へと広がりをみせていった。一八八七年七月に東海道線の横浜—国府津《こうづ》間が開通すると、相模湾沿いの湘南地域は、海水浴の地として、また近郊の保養地として注目されるようになる。そして一八八九年六月には、東海道線の支線として、横須賀線が大船《おおふな》—横須賀間で開通した。軍港都市横須賀への重要な路線として、軍用目的から開通した横須賀線であったが、鎌倉駅が開業して東京からのアクセスが容易になったことで、近代鎌倉が発展する大きな契機となった。

湘南では、早くも一八八五年に、大磯《おおいそ》の海水浴場が開設しているが、その後も明治二〇年代にかけて、鎌倉、藤沢《ふじさわ》、鵠沼《くげぬま》、茅ヶ崎《ちがさき》、平塚《ひらつか》、国府津などで、次々と海水浴場が設置されている。そもそも海水浴は、現在のような夏のレジャーとして普及する以前は、治療を目的とした医療行為として導入されていた。一八七九年、政府が海水浴場の設置を計画していることを耳にしたドイツ人医師のベルツは、自身の日記に、海水浴に適した場所として鎌倉の七里ヶ浜《しちりがはま》を記している。

鎌倉では、一八八七年に海水浴を取り入れた療養施設「鎌倉海浜院《かいひんいん》」が由比ヶ浜《ゆいがはま》に建設されている。史跡や景勝地に恵まれ、アクセスにもすぐれた鎌倉の立地の良さが謳《うた》われた施設であったが、翌年には早くも大改築を行い、保養・観光のための施設「海浜院ホテル」として再出発した。そのほか湘南地域に建設されたサナトリウム(療養施設)としては、茅ヶ崎の海浜部に設立された南湖院《なんこいん》が知られ、創設時の第一病舎(一八九九年)が現存している。

こうした保養地としての海浜部への注目に連動して、別荘地としての開発が進んでいった。明治二〇年代以降、皇族、華族、政治家、実業家など名だたる人物たちが、鎌倉から湘南にかけての地域に別荘を構えている。明治末の鎌倉では、夏の三カ月間だけで、当時の人口の倍以上もの避暑客が訪れていたというが、当時の案内書には、五八四件もの別荘リストが掲載されている。現在でも、古我《こが》邸(一九一六年、旧荘清次郎《しょうせいじろう》別邸)、鎌倉市長谷《はせ》子ども会館(一九〇八年、旧諸戸《もろと》邸、国登録)、旧華頂《かちょうの》宮《みや》邸(一九二九年、国登録)、鎌倉文学館(一九三六年、旧前田家《まえだけ》別邸、国登録)など、明治期から昭和戦前期までの別荘建築が数多く残されており、別荘地鎌倉の往時の雰囲気を教えてくれる。

旧大隈重信別邸・旧古河別邸（改修前、大磯町。明治記念大磯邸園提供） 町指定

伊藤博文は、一八九〇年に小田原《おだわら》に滄浪閣《そうろうかく》と名づけた別荘を設けていたが、一八九六年には、大磯に同名の別荘を完成させており、その大磯では、草創期の別荘建築として、大隈重信《おおくましげのぶ》の別邸が現存している。一八九七年に大隈が別邸として入手し、その後、古河家《ふるかわけ》別邸として継承された建物で、居宅の主要部分は大隈が入手する以前の明治二〇年代まで遡るとされる。二〇二三年(令和五)現在、明治記念大磯邸園の一施設として整備中であるが、そのほか同園には、伊藤博文の滄浪閣を継承した旧李《り》王家《おうけ》別邸や、陸奥宗光《むつむねみつ》別邸跡、西園寺公望《さいおんじきんもち》別邸跡など、総理大臣経験者にゆかりのある施設が集まっている。

関東大震災による壊滅と復興

一九二三年(大正一二)九月一日午前一一時五八分、南関東地方をマグニチュード七・九の激震が襲った。国内の災害史上、最大規模の被害を出した関東大震災である。地震は神奈川県西部から相模湾、房総《ぼうそう》半島の先端部にかけての広い範囲を震源域としたもので、震源地にあたる県西部一帯では、震度七に相当する強烈な揺れに見舞われた。また本震と同じ規模の余震が五分間のうちに二回発生しており、火災や津波《つなみ》・土砂崩れによる被害とあわせて、建物の被害棟数は神奈川県内で一二万五〇〇〇戸に達した。

もっとも被害が大きかったのは横浜市で、県内の死者・行方不明者およ

関東大震災で倒壊した山手80番館の遺構(横浜市中区。筆者提供)

そ三万二〇〇〇人のうち、二万六〇〇〇人余りを占めていた。石造や煉瓦《れんが》造りの建物が多く集まっていた中心部では、激震による建物の倒壊に加えて、その後に発生した火災で市街地は焼き尽くされ、開港以来の街並みは一夜にして瓦礫《がれき》の山と化した。

大正時代の横浜では、横浜駅(一九一五年)や神奈川県庁舎(一九一三年、国重文)など大規模な煉瓦造りの公共建築が次々と完成していたが、それらのなかには地震対策として鉄材による補強が施された建物が少なからずあった。開港五〇周年を記念して建設された横浜市開港記念会館(一九一七年、国重文)も、その一つである。高さ三六メートルの時計塔を備えた煉瓦の建物は、地震の揺れでは倒壊しなかったものの、熱に弱い金属製の屋根部分に火が燃え移ったことで、内部を全焼した。こうした火災による二次被害は、多くの煉瓦造建築に共通している。

その後、記念会館は鉄筋コンクリートによる補強工事を経て、一九二七年(昭和二)に再開館を果たすが、同じように倒壊を免れた建物でも、横浜市庁舎(一九一一年)の場合は、復旧工事の支障になるとの理由で爆破解体された。煉瓦造建築は必ずしも地震に無力であったわけではなかったが、たどった運命はそれぞれ異なった。

関東大震災は、その後の都市景観を一変させた。被害が大きかった煉瓦造建築は街並みから姿を消し、替わって地震にも火災にも強い鉄筋コンクリートの建物が全国的に普及していった。外装材としてタイルやテラコッタ(素焼きの装飾部材)を多用する鉄筋コンクリートの建物が街並みの主流となることで、かつての赤煉瓦の華やかさとは異なる、重厚で単色の街並みが形成されていった。

横浜では、土地区画整理や道路・公園の整備を中心とした復興事業を通じて、現在につながる都市の骨格が形づくられた。なかでも震災の瓦礫を埋め立てて造成された山下《やました》公園(一九三〇年、国登録)は、貿易港としての設備拡充が重視されてきた横浜港に、人々の憩いのための広大な空間を整備した点で、都市計画の観点からも画期的な存在である。また震災で横浜を離れた外国人を再び招致するために、山手《やまて》や根岸《ねぎし》に市営の外国人住宅が建設され、山下公園の向かいには、外国人向けホテルとしてホテルニューグランド(一九二七年)が完成した。

震災復興は、周辺部の都市化と工業化を大きく進展させた。鶴見《つるみ》から川崎にかけての臨海部では、震災前から実業家浅野総一郎《あさのそういちろう》らによる埋め立て事業で工場用地の造成が進んでいたが、震災後には、横浜市も子安《こやす》・生麦《なまむぎ》の地先に、総面積六一万坪に及ぶ市営埋め立て地を完成させ、日産自動車などの新興企業が進出した。臨海工業地帯の形成が進むなか、横浜港は、それまでの生糸の輸出を中心とした商業港から、重化学工業関連の工業港としての性格を強めていった。

鉄道沿線の開発と観光

関東大震災当時の横浜駅は、鉄道開業時の初代横浜駅（現在の桜木町駅）から数えて二代目にあたり、現在の高島町《たかしまちょう》（横浜市西区）に位置していた。震災では倒壊を免れた横浜駅であったが、復興計画のなかで現在地へと移転し、一九二八年（昭和三）に三代目横浜駅が開業した。

横浜駅の移転は、その後の鉄道網と都市形成に大きな影響をもたらした。この時期に新しい交通手段として登場したのが、私鉄による郊外電車である。震災前には、私鉄で開通していたのは京浜《けいひん》電鉄（現在の京急《けいきゅう》電鉄）だけであったが、震災後、東京横浜電鉄（現在の東急《とうきゅう》電鉄）、京浜電鉄・湘南《しょうなん》電鉄（現在の京急電鉄）、神中《じんちゅう》鉄道（現在の相模《さがみ》鉄道）の各路線が、相次いで新しい横浜駅への乗り入れを果たし、横浜駅を中心とした放射状の鉄道網が形成されていった。

最初に横浜駅へ乗り入れたのは東京横浜電鉄で、一九二六年（大正一五）に多摩川―神奈川間が開通したのち、翌年には渋谷《しぶや》まで延伸し、一九三二年（昭和七）には渋谷―桜木町間が開通した。同じく一九二六年（大正一五）に厚木《あつぎ》―二俣川《ふたまたがわ》間で開通した神中鉄道は、旅客のほかに復興工事のための砂利などを輸送していたが、一九三三年に横浜駅への乗り入れを実現する。そして、一九三〇年に開業した湘南電鉄は、一九三三年に京浜電鉄との相互乗り入れを実現し、品川《しながわ》から横浜を経て横須賀、浦賀《うらが》までの路線がつながった。

こうして一九三三年までの間に、私鉄各線が都心へと乗り入れ、一大ターミナルとしての横浜駅が誕生した。横浜港を中心として発展してきた横浜は、大きな都市構造の転換点を迎えることとなった。

これら私鉄各社の沿線では、鉄道の開通とともに住宅地や行楽地が形成されていき、各社は沿線にある名所旧跡や海水浴場などの行楽地に乗客を誘致するため、四季を通じてさまざまな沿線案内を発行して、アピールに努めた。

「春の行楽は京浜湘南沿線へ」(1933年発行の沿線案内チラシ。横浜都市発展記念館所蔵)

なかでも鉄道と住宅地開発が一体となって進められたのが、東京横浜電鉄である。当初から街づくりのための路線であった同社の東横線では、沿線の住宅地開発をもって乗客の誘致を行った。その好例が、駅を中心に同心円状と放射線状の街路が計画された日吉台《ひよしだい》住宅地である。のちに慶應義塾大学を駅前に誘致し、日吉は沿線でも人気の郊外住宅地として発展していった。

県西部では、小田原《おだわら》急行鉄道(現在の小田急《おだきゅう》電鉄)が、一九二七年に新宿—小田原間の約八〇キロの区間を一気に開通させた。箱根《はこね》への交通の起点となっていた小田原へのアクセスが容易になったことで、福《ふく》住楼《ずみろう》や富士屋《ふじや》ホテルなど明治以来の外国人富裕層向けホテルを抱える箱根は、より大衆的な行楽地として発展した。強羅《ごうら》地区では、一九一九年(大正八)の箱根登山鉄道の開通に先がけて、温泉付別荘地として土地の分譲が開始されており、箱根は別荘地としての性格も併せ持つようになった。（青木）

旧《きゅう》横浜《よこはま》船渠《せんきょ》株式会社《かぶしきがいしゃ》第一号《だいいちごう》・第二号《だいにごう》船渠《せんきょ》 ➡P172

民間の石造船渠（ドック）としては現存最古

横浜港の船舶修繕用に築造された石造船渠。築港計画を手がけたパーマーによる基本設計にもとづき、海軍技師の恒川《つねかわ》柳作《りゅうさく》が実施設計を担当した。石材には真鶴《まなづる》産の小松《こまつ》石が用いられ、一号船渠は一八九九年（明治三二）に、二号船渠は一八九七年に使用を開始した。

戦後のみなとみらい21地区の開発にともない、二号船渠はいったん解体されたのち、一九九三年（平成五）に、横浜ランドマークタワーと一体化した「ドックヤードガーデン」として再生した。また一号船渠には、国重文の帆船日本丸が係留されている。

筆者提供

DATA
重文 横浜市西区みなとみらい

横浜市開港記念会館《よこはましかいこうきねんかいかん》 ➡P172

意匠・技術ともに完成された大正期の煉瓦造建築

横浜開港五〇周年の記念事業として、一九一七年（大正六）に完成した公会堂。神奈川県庁舎・横浜税関とならぶ横浜三塔のひとつ「ジャックの塔」の愛称で親しまれている。ドームや八角塔が連なる変化に富んだスカイライン、煉瓦《れんが》壁を花《か》崗岩《こうがん》の白い帯で彩った外観、軀《く》体《たい》に鉄材を埋め込む耐震技術「碇聯鉄構法《ていれんてつこうほう》」の採用など、意匠・技術ともに同時代の煉瓦造建築の最高水準を示す。関東大震災では倒壊を免れたが屋根と内部を焼失し、現在見られる内装は震災復興期のもの。一九八九年（平成元）にドーム部分が復元された。

筆者提供

DATA
重文 横浜市中区本町（二〇二四年三月まで休館中）

西《にし》谷《や》浄《じょう》水《すい》場《じょう》

↓P173

横浜の市街地への給水を担った浄水場で、一九一五年（大正四）の第二次拡張工事で新設された。濾過《ろか》池と配水池に設けられた煉瓦造りの小さな上屋が、広大な敷地のなかのアクセントに。

DATA
登録 横浜市保土ヶ谷区川島町（二〇二三年現在整備中）

旧《きゅう》南《なん》湖《こ》院《いん》第《だい》一《いち》病《びょう》舎《しゃ》

↓P176

一八九九年（明治三二）に医師の高田《たかた》畊《こう》安《あん》によって開設されたサナトリウム（結核療養所）の施設。下見板張りの木造西洋館で、療養地として発展した湘南地域における貴重な明治の病院建築。

DATA
登録 茅ヶ崎市南湖

旧《きゅう》横《よこ》浜《はま》ゴム平《ひら》塚《つか》製《せい》造《ぞう》所《しょ》記《き》念《ねん》館《かん》

↓P176

日本火薬製造株式会社の支配人住宅として、一九〇六年（明治三九）頃に建てられた木造平屋建ての西洋館。塔屋をもった正方形平面の主屋に、ベランダを二面に巡らせた入母屋《いりもや》部分が接続する。

DATA
登録 平塚市浅間町

旧《きゅう》大《おお》隈《くま》重《しげ》信《のぶ》別《べっ》邸《てい》・旧《きゅう》古《ふる》河《かわ》別《べっ》邸《てい》

↓P177

海辺の別荘地として発展した大磯に残る草創期の別荘建築。一八九七年（明治三〇）に大隈重信が別邸として入手し、その後、古河家別邸として継承された。主要な居宅部分は往時の姿をとどめる。

DATA
町指定 大磯町東小磯

鎌《かま》倉《くら》文《ぶん》学《がく》館《かん》

↓P175

鎌倉に残る旧華族の別荘建築の代表作。加賀《かが》藩前田《まえだ》家の一六代当主前田利為《としなり》の別邸として、一九三六年（昭和一一）に完成。由比ヶ浜《ゆいがはま》を望む広大な敷地の奥深くに、静かに山荘風の建物がたたずむ。

DATA
登録 鎌倉市長谷

富《ふ》士《じ》屋《や》ホテル

↓P179

一八七八年（明治一一）に創業された日本を代表するクラシックホテル。本館（一八九一年竣工）をはじめ和洋の要素が融合した独自の意匠をもつ施設群が、箱根の山裾の敷地に寄り添うように建つ。

DATA
登録 箱根町宮ノ下

三溪園——シルクが生んだ文化遺産

生糸の富が注がれた横浜の別天地

横浜の中心部におよそ一七万五〇〇〇平方メートルの敷地が広がる三溪園《さんけいえん》は、明治時代末から大正時代にかけて実業家の原《はら》三溪（本名・富太郎《とみたろう》）が築造、一般に向けて開園した日本庭園だ。

「横浜は良きも悪しきも亀善《かめぜん》のはらひとつにて事決まるなり」。開港期、巷間《こうかん》でそのように囃《はや》された〝亀善〟こと亀屋・原善三郎《ぜんざぶろう》は生糸の売込みで成功を収め、いちやく横浜の有力者となった。その孫娘の婿《むこ》として迎えられた人物が原三溪である。

三溪は善三郎の没後、個人商店から合同会社へと経営の刷新を図る。富岡製糸場をはじめ四カ所の製糸工場による生糸の生産、上海・ニューヨーク・リヨン・モスクワの海外四都市に支店を置いての輸出など、新たな事業を推し進めた。そして、これにより得た莫大《ばくだい》な富を惜しげもなく三溪園の築造に注《つ》ぎ込んだ。

江戸から明治へという時代の転換点にあって、顧みられず荒廃を余儀なくされていた京都や鎌倉などの歴史的建造物の数々を、自身の美意識と価値観により選び、元からそこにあったかのように自邸の各所に移築していった。さらに一九〇六年（明治三九）には、日本古来の伝統や文化をおろそかにすべきでないとのメッセージを込めて、一般に開放した。

新たな文化を育む場ともなった三溪園

三溪は、建造物とともに美術の名品も収集した。自らの美術史観をもって系統立てて集められたそのコレクションは、質量ともに当時国内屈指を誇った。そしてこれも私蔵することなく、文化創出の担い手となる新進の芸術家や研究者たちに鑑賞・調査の機会を提供している。横山大観《よこやまたいかん》や下村観山《しもむらかんざん》などの画家たちの名作の数々が生み出された背景には三溪の支援によることも大きい。

二〇〇七年（平成一九）、三溪園は全域が文化財として国

現在の三溪園。園内には重要文化財10棟を含む17棟の歴史的建造物が点在する（三溪園提供。下も同）国名

前年に完成した庭園のお披露目を兼ねた1923年の茶会での原三溪

の名勝に指定された。その理由は、学術上・芸術上・鑑賞上の価値が認められたことによるが、もう一つ注目されたのは、三溪が開園にあたって理想とした姿が今でも遺《のこ》されているということだった。一〇〇年余を経た現在も広く一般に公開・活用され、親しまれつづけているという点である。園を訪れた誰もが自由に上質の建造物や美術、自然の風光にふれ親しみ、魅力を共有・共感できる、そこから新たな文化・芸術が育まれる、三溪が目指した理想が現在でも三溪園には息づいているといえる。

（吉川）

10章 軍事施設にみる神奈川と戦争

明治新政府が首都に定めた東京は、江戸時代に引き続き政治の中心となった。首都に隣接し、海に面している神奈川県域は首都防衛の要とされた。陸海軍ともに重要な軍事施設が設置され、軍都として発展していく過程とその終焉をみる。

鎮守府の設置と海軍工廠の整備

周囲を海に囲まれた日本にとって、外国からの侵略に備えるためには、海軍力の整備と要地の守備が古来重要な作戦であった。明治政府も近代国家として陸海軍の設立を進めていくことになった。海軍の最初の拠点は、首都に近く、入り組んだ湾と深い水深をもつ天然の要港である横須賀に置かれることとなった。

現在、JR横須賀駅の改札を出ると「ヴェルニー公園」が広がっている。この公園からは、米海軍と海上自衛隊の灰色の艦船が幾隻も停泊する港を見ることができる。公園の対岸部分は米海軍横須賀基地として使用されているが、前身は海軍工廠《こうしょう》と横須賀鎮守府《ちんじゅふ》で、さらにその前身は幕末に建設された横須賀製鉄所(のちに造船所と改称)であった。

旧横須賀製鉄所1号・2号ドック（米海軍横須賀基地内。横須賀市教育委員会提供）

　一八五三年(嘉永《かえい》六)、浦賀へのペリー来航以後、徳川幕府は海軍力の強化を図り、その一つとして西洋式軍艦の建造や修理を行う近代的な造船所である横須賀製鉄所の建設を計画した。幕臣の小栗上野介忠順《おぐりこうずけのすけただまさ》を中心にフランス人技師ヴェルニーを招聘《しょうへい》し、一八六五年(慶応《けいおう》元)に造船所の建設が起工した。工事は明治維新後も徳川幕府から新政府へ引き継がれ、軍艦を修理するドライドックは、一八七一年(明治四)に第1号ドックが、一八七四年に3号ドック、一八八四年には2号ドックが完成し、以後あまたの艦船が入渠《にゅうきょ》した。3基の石造ドライドックは竣工から一五〇年近く経過した現在でも現役で使用されている。

　艦船の建造と修理を行う施設の整備を進めるいっぽう、一八七五年には日本の海面を東西に分けて鎮守府を設置し沿海警備にあたることとなった。

　東海鎮守府は最初横浜に仮設され、一八八四年に横須賀へと移転し、横須賀鎮守府と改称した。鎮守府は

旧横須賀鎮守府司令長官官舎（現、海上自衛隊横須賀地方総監部田戸台分庁舎提供）

軍港の管理と兵の徴集及び教育、艦船建造・修理と武器の製造・修理といった軍政をつかさどっていた。

横須賀造船所は、横須賀鎮守府の開設にあわせて横須賀鎮守府直轄となった。一九〇三年の組織改正により、造船廠と兵器廠を統合して横須賀海軍工廠が誕生した。

鎮守府と海軍工廠の設置・発展により、横須賀は日本海軍の一大拠点として知られることになる。

現在の米海軍横須賀基地内には、ドライドックのほかに旧横須賀鎮守府庁舎（一九二六年〈大正一五〉竣工）や旧横須賀海軍工廠庁舎（一九二七年〈昭和二〉竣工）（いずれも非公開）などが、市街地部分には旧横須賀鎮守府司令長官官舎（一九一三年〈大正二〉竣工、一般開放日あり）や軍港の陸側の出入り口であった逸《へ》見《み》波《は》止《と》場《ば》衛門《えいもん》（一九二九年〈昭和四〉頃竣工、ヴェルニー公園内）が現存し、横須賀鎮守府と海軍工廠の面影を伝えている。

東京湾要塞の建設

一方、陸軍は国内治安のため「鎮台」を設置し、神奈川県域は東京鎮台の管轄下に入った。また、兵

猿島砲台跡第二砲台塁道(横須賀市提供) 国史

力を整備するため、一八七三年(明治六)に徴兵令が布告され、国民皆兵を宣言した。そして、急務であった要地防衛のための沿岸砲台の建設が開始されることとなった。

一八七六年、首都防衛のための砲台群を東京湾沿岸に建設することが決定され、陸軍は観音崎《かんのんざき》に砲台用地を購入し、沿岸砲台建設事業に着手した。翌年に西南戦争が勃発したため一時建設事業は中断したが、一八八〇年には観音崎第一砲台・第二砲台の建設を開始し、以降、東京湾内湾最狭の富津《ふっつ》―観音崎線を防御線として三浦半島と房総半島に猿島《さるしま》砲台や走水《はしりみず》砲台、富津元洲《もとす》砲台といった砲台群を建設した。

明治二〇年代(一八八七〜九六年)に入ると夏島砲台から米ヶ浜《よねがはま》砲台に至る間の横須賀軍港防御のための砲台群建設に着手し、明治二〇年代後半には大陸・清国との緊張が高まるなかで千代ヶ崎《ちよがさき》砲台など既設の火線を補強する砲台や防御線強化のための砲台を新設した。

これら砲台群によって守備される土地一帯は、一八九五年に公布された要塞《ようさい》司令部第一条で「要塞」と称することとされ、同条例第二条に基づき「東京湾要塞」と呼称した。

その後、建築技術の進歩や火砲威力の増大、関東大震災による被災などから、砲台群の改廃・新設が行われ、最終的に三二の砲台が三浦半島と房総半島に建設された。射程距離が長大化した艦船搭載の砲塔を揚陸して地上の砲台とした砲塔砲台も城ヶ島《じょうがしま》や千代ヶ崎(26〜27ページ参照)、大房岬《たいぶさみさき》に建設され、防御線は洲崎《すのさき》—城ヶ島を結ぶ東京湾外湾の線まで南下し、首都東京の防衛をより強固なものとした。

全国的にみて、明治二〇年代以降は下関・由良《ゆら》・対馬《つしま》要塞や、函館・舞鶴《まいづる》・佐世保《させぼ》要塞などがつくられた。また台湾や朝鮮・遼東《りょうとう》両半島の要塞や、日中戦争前後から終戦までの臨時要塞など、多くの要塞が建設されたが、明治一〇年代(一八七七〜八六年)に建設された要塞は東京湾要塞だけである。

一八九五年に竣工した千代ヶ崎砲台は、浦賀港入り口の標高約六六メートルの丘陵上に立地し、観音崎砲台の側防と浦賀港の防備を任務として建設された。二八センチ榴弾砲《りゅうだんほう》六門からなる海正面砲台と、背面の久里浜《くりはま》湾への敵兵の上陸を阻止するための陸正面砲台で構成された堡塁《ほうるい》砲台である。海正面砲台には、地表から約六メートルの深さまですり鉢状に掘り下げてつくられた三つの砲座とその地下に弾薬庫と棲息掩蔽部《せいそくえんぺいぶ》、浄化設備を有する貯水施設が良好な状態で残っている。地上から浦賀水道を一望できる立地は砲台が建設された地勢を体感でき、現在、猿島砲台跡(現猿島公園、年中無休)と併せて国史跡の指定を受け、横須賀市教育委員会が公開を行っている(土・日・祝日のみ)。

そのほかの砲台跡としては、観音崎砲台群(現観音崎公園)、走水低砲台(現旗山崎《はたやまざき》公園、砲台部分は土・日・祝日のみ公開)と米ヶ浜砲台(現平和中央公園)、富津元洲砲台(現千葉県立富津公園)が自由に見学できる。いずれも軍事施設であったため、交通が不便な場所や山の上に位置するものが多いのだが、訪れてみると東京の海の玄関口を警固していた往時の姿を想像することができる。

航空機の出現・開発と海軍航空隊基地

日本は明治時代の対外戦争、日清・日露戦争での勝利を経て、陸軍は師団の増強、海軍は世界的建艦競争への参加といった軍備拡大路線を進めていった。そのような情勢のなかで、従来の戦術から大きく転換する事象が生じた。飛行機の出現である。

海軍は海軍航空技術研究会を立ち上げ、その拠点を横須賀海軍工廠内に置くこととした。一九一二年(大正元)より、海軍による田浦町(現横須賀市)の追浜《おっぱま》地先水面埋め立てが始まり、水上機用の滑走路が建設された。翌年には陸軍防御営造物から除籍されていた夏島砲台跡周縁を切り崩して周辺を埋め立て、追浜飛行場が建設された。一九一六年には、海軍初の航空隊「横須賀海軍航空隊」がこの地に開設することとなった。

予科練の碑(横須賀市貝山緑地。筆者提供)

その後、一九三二年(昭和七)には追浜飛行場の南側の敷地を整備して海軍航空廠(のちに海軍航空技術廠と改称)が設置された。以後、追浜では航空技術の最新の研究が推進されることとなった。実験施設のほか、周辺には工員養成所や工員宿舎、一九四一年には支廠が設置されるなど、関連する施設は広範囲に及んでいた。

また、若年時から航空技術の習得を図る「海軍飛行予科練習生(通称：予科練)」制度を一九三〇年に横須賀海軍航空隊のなかに設置し、一九三九年に茨城県の霞ヶ浦《かすみがうら》航空隊へ移転するまで、海軍航空の教育機関としての役割を担っていた。

現在、京浜急行電鉄の追浜駅を下車して国道16号を渡ると、まっすぐ東へと進む道路がある。国指定史跡夏島貝塚(縄文時代早期)へ続くこの道路は、貝塚通りと呼ばれている。駅前から二キロほどこの通りを歩くと工場地帯となる。追浜飛行場跡地の大部分が株式会社日産自動車追浜工場となり、海軍航空技術廠跡には多くの工場が並び、往時を示す遺構はほとんど残っていない。貝山《かいやま》緑地の石碑類や海軍航空技術廠本庁舎跡地の説明板から海軍航空の発祥の地であったことに思いをめぐらせるばかりである。

県域に拡大する軍事施設

第一次世界大戦(一九一四〜一八年)後は、数度にわたっての海軍軍縮条約の批准や不況のなかで世界的に軍縮傾向となるが、一方国内では軍部の勢力が拡大し、神奈川県域では三浦半島以外にも軍事施設が設置され、徐々に県域全域での軍都化が進んでいった。

平塚市では、一九〇五年(明治三八)に設立された海軍と英国企業との合弁会社である日本火薬製造株式会社を前身とする海軍火薬廠が設置され(一九一九年〈大正八〉)、周辺には海軍共済病院など海軍関係施設が建設されていく契機となった。

そして、一九三一年(昭和六)の満洲事変を契機に日本が大陸への影響を強め、一九三七年の日中戦争開戦に至る前後になると県域での軍事施設の建設が一気に拡大する。

日本初の飛行艇部隊として横浜市金沢区根岸の海面に水上飛行場を整備した横浜海軍航空隊の設立（一九三六年）、逗子《ずし》市池子《いけご》地区での海軍軍需部の倉庫（のちに第二海軍航空廠補給部の弾薬庫）の造営（一九三七年）、相模原《さがみはら》市と座間《ざま》市の一部への陸軍士官学校の移転と相武台演習所の設置（同年）、相模陸軍造兵所（のちに造兵廠）の設置（一九三八年）、横浜市栄区での第一海軍燃料廠の設置（同年）、川崎市の第九陸軍技術研究所の設置（登戸《のぼりと》実験場、のちに登戸研究所、一九三七年）、厚木飛行場の開設（一九四二年）など、陸海軍ともに重要な施設が県域で展開することとなった。

旧陸軍通信学校将校集会所（現、相模女子大学茜館〈旧第一本部棟〉。相模原市教育委員会提供）

太平洋戦争と本土決戦への備え

一九四一年（昭和一六）の太平洋戦争開戦後、当初は勝利を誇った日本であったが、ミッドウエー海戦での大敗以後、戦局は暗転していった。日本本土への空襲が始まり、一九四四年のサイパン陥落により、関東地方が直接B29の爆撃圏内となった。空襲に備えるため建設が本格化したのが地下壕《ちかごう》である。軍事施設の近隣の丘陵を碁盤の目のように掘削し、地下へと施設の機

第56震洋特攻隊の本部が置かれた福泉寺境内の碑（三浦市松輪。筆者提供）

能移転を図ることとなった。

伝統的に洋上の主力艦を旗艦としてきた連合艦隊司令部が陸上に司令部を設置するため建設した慶應義塾大学キャンパス内の大規模な地下壕（145ページ参照）や、追浜飛行場の周囲の横須賀海軍航空隊関連の地下壕など、軍による大規模な地下壕が各所で建設された。

海軍航空機の一大工場として厚木飛行場近くに設置された高《こう》座《ざ》海軍工廠でも大規模な地下壕が建設され、実際に壕内で生産も行われていた。現在、地下壕が造られた丘陵は芹沢《せりざわ》公園として整備され、一部の坑口から隧道《ずいどう》内を見学できる（27ページ参照）。内部には高座海軍工廠でも生産されていた戦闘機・雷電のミニチュア模型が展示されている。

戦局は悪化の一途をたどり、本土決戦が現実味を帯び、連合国軍の上陸地点は九十九里浜と湘南海岸と予想された。陸軍は房総半島を最重要防衛拠点とし、東京湾要塞の主力は房総半島へ移転。横須賀軍港を擁する三浦半島の防空と相模湾および東京湾側の抗戦はおもに海軍が担うこととなった。三浦半島と相模湾沿いには海軍による防空砲台が増設され、沿岸には連合国軍の上陸を阻止するため洞《どう》窟《くつ》砲台やトーチカが設置された。現在観光地としてにぎわう江の島にも洞窟砲台が築かれていた（非公開）。内陸部には陸軍により高射砲陣地が築かれ、防空体制が敷かれた。横浜市戸塚区の舞岡熊《まいおかくま》之《の》堂《どう》遺跡では、発掘調査により陸軍高射砲部隊の照空灯掩体《しょうくうとうえんたい》跡などが検出されている。

また、太平洋戦争末期には戦局打開のため特攻作戦が立案され実行されていたが、飛行機だけではなく、水上・水中からの特攻作戦も準備されていた。横須賀の野比《のび》海岸では潜水服を身に着け、船底に爆薬を接触させる「伏龍《ふくりゅう》」の訓練が実施され、装備の未熟さから訓練時に多くの死亡事故が起きていた。三浦市の油壺《あぶらつぼ》と江奈湾では水上特攻艇「震洋《しんよう》」と水中特殊潜航艇「海龍」の基地が設営され、実際に部隊が配備されていた。基地には特攻艇格納所、居住施設、燃料庫などが何本もの隧道《ずいどう》式で配置されていた。現在はいずれも民有地で、急傾斜工事で閉塞《へいそく》されるなど内部の見学はできないが、本土決戦に備えた最前線であったことを伝える貴重な遺跡である。

震洋復元艇格納の様子(加計呂麻島の例。瀬戸内町教育委員会提供)

一九四五年八月十五日、日本はポツダム宣言を受諾し、終戦となった。軍事施設は武装解除が行われ、連合国軍に引き渡されることとなった。

本章では軍事施設を中心としたが、県内の戦争に関する遺跡としてはほかに空襲被害の遺構や民間の軍需工場も含まれるだろう。わずか八〇年ほど前に戦争の時代があったことを忘れずに語り継ぐため、また現在の平和について考えるきっかけとして、県内の戦争に関する遺跡が保存され、かつ活用されることを切に願っている。

(川本)

東《とう》京《きょう》湾《わん》要《よう》塞《さい》跡《あと》

首都東京の防衛を担った砲台跡

➡P174

東京湾要塞を構成する猿島砲台跡と千代ヶ崎砲台跡は、建設当初の姿を良好に残し、洋式の築城技術とともに日本の近代化初期の建築・土木技術を現在に伝える遺跡として、軍事施設に関する遺跡では日本で初めて二〇一五年(平成二七)に国史跡に指定された。

千代ヶ崎砲台跡は遺存状態が良く、砲台稼働時の機能性と合理性をみることができる。千代ヶ崎砲台跡より約一〇年早く起工した猿島砲台跡(新三笠桟橋《みかささんばし》からフェリーで約一〇分の距離にある)と比較すると、建築資材の変化や築城技術の習熟過程を体感することができる。

千代ヶ崎砲台跡塁道(横須賀市教育委員会提供)

DATA

国史 横須賀市猿島・西浦賀

横《よこ》須《す》賀《か》海《かい》軍《ぐん》航《こう》空《くう》隊《たい》地《ち》下《か》壕《ごう》

➡P173

日本海軍初の航空隊基地と太平洋戦争末期の地下壕

横浜市の野島《のじま》公園の一角には、横須賀海軍航空隊所属の軍用機を格納するためにつくられた巨大な掩体壕《えんたいごう》が現存している。全長は約二五〇メートルに及び、両坑口から約七五メートルの範囲は径間約二〇メートルでコンクリート覆工《ふくこう》されている。開口部の外観が見学可能である。

また、横須賀市の貝山緑地《かいやまりょくち》の地下には同じく横須賀海軍航空隊の地下壕が広がっている。その一部分は事前申し込みによりガイドの案内で内部を見学できる。坑道《こうどう》は分岐し、倉庫や部屋のような空間、調理を行ったスペースなどが確認されている。

野島掩体壕(筆者提供)

DATA

横浜市金沢区野島町・横須賀市浦郷町

走《はしり》水《みず》水《すい》源《げん》地《ち》

↓P174

ヴェルニーの指揮のもと建設された横須賀造船所への水道の水源地。その後の拡張工事で建設された煉瓦《れんが》造貯水池などが現存し、駐車場敷地内の水栓では水源地から湧出《ゆうしゅつ》した水を汲《く》むことができる。

DATA 登録 横須賀市走水

観《かん》音《のん》崎《ざき》砲《ほう》台《だい》群《ぐん》

↓P174

陸軍が最初に建設した洋式砲台の第一砲台、第二砲台をはじめ多くの砲台が建設された観音崎一帯は、現在神奈川県立観音崎公園となっている。緑の中を散策しながら砲台の痕跡を見ることができる。

DATA 横須賀市鴨居

東《とう》京《きょう》湾《わん》第《だい》三《さん》海《かい》堡《ほう》構《こう》造《ぞう》物《ぶつ》

↓P174

海堡とは、海中に建設された人工の砲《ほう》台島《だいじま》を指す。日本では東京湾要塞にのみ三カ所建設された。関東大震災で被災した第三海堡は平成に入り撤去され、構造物の一部が揚陸後に公開されている。

DATA 県指定 横須賀市平成町・夏島町

登《のぼり》戸《と》研《けん》究《きゅう》所《じょ》

↓P173

一九三九年(昭和一四)に陸軍により設立された秘密戦の研究機関。謀略に使用する兵器や中国大陸向けの偽札《にせさつ》の製作などが行われた。現在は明治大学平和教育登戸研究所資料館として公開されている。

DATA 川崎市多摩区東三田

横《よこ》須《す》賀《か》水《すい》交《こう》社《しゃ》平《ひら》塚《つか》集《しゅう》会《かい》所《じょ》

↓P176

日本火薬製造株式会社の食堂・ホールとして建設された。海軍火薬廠《かやくしょう》に引き渡されたあとは海軍の将校クラブとして使用された。現在は移築され、「八幡山《はちまんやま》の洋館」として親しまれている。

DATA 登録 平塚市浅間町

東《とう》京《きょう》陸《りく》軍《ぐん》兵《へい》器《き》補《ほ》給《きゅう》廠《しょう》田《た》奈《な》填《てん》薬《やく》所《じょ》

↓P173

弾薬の製造作業を行う施設として一九四一年(昭和一六)に開設した。谷戸《やと》につくられた横穴式地下弾薬庫のうち現存するものの外観が見学可能。現在は広大な敷地が「こどもの国」となっている。

DATA 横浜市青葉区奈良町

コラム

もっと知りたい！ 深掘り神奈川県史④

かながわの地下壕

地下壕の多い県

地下壕《ちかごう》は、おもに戦時下に造られた対爆撃・秘匿用の地下施設である。

じつは神奈川は地下壕の多い県として知られている。二〇一七年(平成二九)度の国土交通省の調査成果によると、県内に残る地下壕は五三二カ所。これは九州の五県と広島に次ぐ全国七番目の数字である。もっともこれは現存数であり、すでに破壊・埋め戻されたものや未発見のものを含めれば、実数はこの数倍に達すると思われる。

県内に地下壕が多いのは、三浦半島を中心に横須賀鎮守府をはじめとする海軍諸部局が集中していたこと、首都東京への米軍の侵攻に対する防御を固めなければならなかったこと、都市部を中心に激しい空襲を受けていたことなどが関係する。築造の目的は、陸海軍諸部局や軍需工場の待避・移転から一家庭の防空までさまざまで、それゆえ、一つ一つ地下壕の規模・形態・構造は千差万別である。

「終わらない戦争」という現実に向き合う場

県内の地下壕の大半は、一九四四年(昭和一九)八月以降、敗戦までの一年間に築造されたものである。西太平洋の主戦場がフィリピン、そして沖縄へと移行していくとともに、一一月からは国内各地への激しい空襲が始まり、本土決戦が現実のものとなっていった時期である。すでに日本列島付近の制海権・制空権は失われ、燃料も枯渇し、敗戦が必至となるなか、大日本帝国は、膨大な数の地下壕を構築し、暗く狭くジメジメした劣悪な環境に活動の場を移してまで、自らの正義と有利な講和の実現を信じて戦争を続けた。そして、この地下壕を造りつづけた一年で、アジア太平洋戦争における日本人戦没者約三一〇万人の七割以上にあたる、二三〇万人近くが亡くなることになるのである。

地下壕は、戦争を終わらせることがいかに難しいか、そして終わらせられない戦争がどれほどの犠牲を生み出すのかという現実に向き合う場なのである。

見学できる県内の地下壕

とはいえ、多くの地下壕が残っていながら見学できるところは限られている。そもそも地下壕は危険な場所が多く、そのため公有地などで保存されていても、公開できるのは基本的に出入口のみとなる。そのなかで、横浜市の連合艦隊司令部地下壕と横須賀市の貝山《かいやま》(横須賀海軍航空隊)地下壕は、条件付きながら入坑可能な地下壕として特筆される。このほか座間《ざま》市高座《こうざ》海軍工廠《こうしょう》芹沢《せりざわ》地下壕では、内部のVR動画が公開されている。

連合艦隊司令部地下壕は、苛烈な地上戦で九万四〇〇〇人の一般住民を含む二〇万人もが犠牲となった沖縄戦において、陸・海軍の航空特攻や戦艦大和《やまと》の海上特攻など、本土からの大規模特攻作戦を指揮した場所の一つである。コンクリートで補強された堅固な地下壕(写真)は、沖縄の地上戦、九州からの特攻作戦、アジア各地に補給もなく取り残された多くの部隊、そして本土の空襲によって、日々膨大な犠牲者が出ていることを知りながら戦争の指揮を続けた「終わらない戦争」を象徴する場なのである。

現在、再び世界で異なる正義同士の対立が顕著になってきた。二〇二二年(令和四)に始まったロシアのウクライナへの侵攻は、世界にさまざまな影響を及ぼしている。そうしたなか、地下壕で「終わらない戦争」の現実に向き合うことの意義が、これまで以上に高まっている。

(安藤)

連合艦隊司令部地下壕の作戦室(横浜市。慶應義塾広報室提供)

11章 戦後復興とモダニズム建築

震災の痛手を乗り越えた神奈川県土は、第二次世界大戦の戦禍によって、またもや大きな傷を負う。占領下における戦後復興が困難のなかで始まる。その象徴として、県は文化施設の建設を推進した。それらは新しい世の中にふさわしい姿で現れた。

神奈川県の戦後復興と文化施設建設

神奈川県は、第二次世界大戦末期、横浜市をはじめ、川崎市、横須賀市、平塚市、藤沢市、小田原市など主要都市が空襲を受け、多くの県民が犠牲になった。一九四五年(昭和二〇)八月の終戦後も県内では、進駐した連合国軍総司令官マッカーサーが降り立った厚木基地を皮切りに軍事施設、公共施設や港湾施設などの接収が広く及んだ。

このような不自由な状況のなかで、時の為政者は県土復興に取り組む。国家的には一九四五年一一月に政府による戦災復興院が設置され、翌年定められた戦災地復興計画基本方針にもとづき、県内でも横浜市を中心に各自治体による戦災復興計画が進められた。その後、一九五〇年勃発の朝鮮戦争による特需で国内景気が上向き、一九五一年に締結されたサンフランシスコ講和条約によって、連合国による占領状態が終了し、国家としての主権が回復、昭和三〇年代からの高度成長期につながった。

本章では戦後史の叙述にあたり、近年注目されている戦後の歴史的建造物を取り上げる。当然ながら、復興期にはモニュメンタルな建物を建設する余裕は、戦災に加えて財閥解体などの憂き目に遭った民間企業にはなく、眼前のわが街の復興に傾注せざるをえない市町村にもさらになく、結果的に神奈川県が担うこととなった。

時の県知事は、一九四七年に官選から初の公選で当選した元外交官の内山岩太郎。内山は県土全体の戦後復興に取り組むなかで、戦禍で疲弊した県民を勇気づけるために文化の力が重要、との認識から、文化施設建設を促進した。

神奈川県立近代美術館

内山が最初に企画した文化施設は、近代美術館である。一九四八年(昭和二三)に県内美術関係者から美術館建設を要望されたことが発端であった。建設候補地は最終的に鎌倉市の鶴岡八幡宮《つるがおかはちまんぐう》より境内の一角に無償で用地提供されることに落ち着く。鶴岡八幡宮として、公共施設を境内に建設することは、関東大震災で被災した鎌倉周辺の文化財を収蔵・展示するための市立「鎌倉国宝館」(一九二八年、国登録)に次いで、二件目となる。

設計はコンペ(指名競技設計)の結果、坂倉準三《さかくらじゅんぞう》案が選ばれた。建築家坂倉準三は、一九二九年に渡仏して世界的建築家ル・コルビュジエに師事、当時最先端の近代モダニズム建築(従来の古典的様式建

旧神奈川県立近代美術館(鎌倉市。筆者提供、11章すべて) **重文**

築とは異なる、ガラスや鉄筋コンクリートを活用した機能性や合理性優先の非装飾的建築)を学び、一九三七年のパリ万博ではモダニズム建築の日本館を手がけ、建築部門のグランプリを受賞している。

美術館は、鉄骨造二階建(一部三階)、パリ万博日本館に似た箱形プロポーション、外面を白色ボードで覆い、平面「ロ」字形で中庭を有し、入口は階段から上がる二階に設定、ぐるりと回って階下に降りると、平家池《へいけいけ》に臨んだ一階南面がピロティ(吹き放ち)になるという、コルビュジエ譲りのモダニズム建築であり、一九五一年竣工、公立の近代美術館では国内初例。坂倉自身は当時、中世以来の神社境内にラジカルともみえる近代建築を建てるにあたり、「歴史のある古い森の中の風景にマッチする形式は、かえって現代的なもの、最も永遠に通ずるごとき新しさを持ったものがよい」と建設委員会に説明し、賛同を得たという。ただし、無味な建物ではなく、ピロティを支える鉄骨柱は、平家池に設置した自然石を礎石とするように立ち上がるなど、海外の評価も高い京都桂離宮を意識した和の要素や国産石材「大谷石」を一階中庭壁面に採用し、内側の鉄骨ブレース(耐震用X字状補強材)を巧みに避けて千鳥状に開口部が配されるなど(ブレースがあるようには見えない)、ところどころに独特のデザイン性を感じさせる。使用した鉄骨も古材であり、復興期の資材不足や限られた予算でのストイックな設計が、逆に現代に通じる清新な印象を与えている。なお、国立西洋美術館(国重文、世界遺産)を設計するコルビュジエは、事前に坂倉の案内で訪れたこの美術館から影響を受けたともいわれる。

この近代美術館は、開館後、五〇〇を超える展覧会が開催され、日本における近代美術の普及に多大な貢献を果たしたが、竣工後半世紀を経て鶴岡八幡宮との借地契約期限が迫るなか、美術・建築関係者を含む市民から建物保存要望の声が高まった。それを受けて、鶴岡八幡宮は、自身の施設として建物を保存活用することを決定。神奈川県は、二〇一六年(平成二八)一月末をもって、美術館活動を終了、同年一一月に戦後建造物として県内初の県指定重要文化財に指定後、翌月に鶴岡八幡宮に無償譲渡した。その後、鶴岡八幡宮により全面的な耐震化工事や修理工事を施されたうえで「鎌倉文華館 鶴岡ミュージアム」として二〇一九年(令和元)六月に再オープン、二〇二〇年一二月には、日本の戦後モダニズム建築の出発点と評価され、国重要文化財に指定された。

神奈川県立図書館・音楽堂

近代美術館が県民の好評を得た内山知事は、一九五二年(昭和二七)四月に発効したサンフランシスコ講和条約の記念事業として、戦争で頓挫した図書館構想を復活させる。しかし、内山は県立図書館建設準備委員会第一回の席上で、音楽堂の併設を提案。県在住音楽家の要望もあり、復興の進展には、県民が落ち着いて音楽を楽しみ、明日への力を養う場が必要、という強い信念を内山は抱いていた。こ

神奈川県立図書館(右側に音楽堂が続く。横浜市西区) **県指定**

うして全国的にもユニークな図書館・音楽堂併設構想がまとまり、建設地は横浜港を見晴らす横浜市西区紅葉《もみじ》ケ《が》丘《おか》の台地上に決定した。

設計コンペは、坂倉準三や丹下《たんげ》健三《けんぞう》を含む五人の建築家によって行われ、前川國男《まえかわくにお》の案が採用された。建築家前川國男は、坂倉準三に先立つ一九二八年に渡仏し、ル・コルビュジエの事務所に勤務、帰国後一九三五年に独立、戦後は坂倉・丹下と並ぶ日本のモダニズム建築の旗手として活躍した。前川にとっては、これが初めて手がけた公共建築となる。

県立図書館・音楽堂は、いずれも鉄筋コンクリート造(一部鉄骨造)、竣工は一九五四年一〇月。傾斜地を利用して、図書館を一段高く、音楽堂を低く、前後(南北)にずらして配置し、下をピロティとするブリッジ状通路で接続する。この雁行《がんこう》状の建物配置は、日本の伝統建築を意識したという。この時期、前川は建物の外壁や開口部の部材の軽量化・工業化を図った「テクニカル・アプローチ」という方法論を採用しており、図書館・音楽堂ともにホローブリック(中空レンガ)、ガラスカーテンウォール(ガラス張り)という軽快な外観を形づくっている。図書館については、利便性と耐火・耐震性を兼ね備えた「中央書庫式」を採用し、これはのちに前川が手がける国立国会図書館に引き継がれ、図書館建設のモデルともなった。北側の吹き抜けのガラス張り閲覧室外側には縦列のコンクリート製ルーバー(日除け)を夏の日差しを計算して配置し、これも独特の外観を呈す。音楽堂は、同時期に戦災復興で建てられた英国ロイヤル・フェスティバル・ホールを範として、観客席をすべて木質の内装とする音楽専用ホールとなり、音響的に高い評価を得ている。建物西側三方をガラス張りとする広々としたホワイエは、図書館同様に型枠の木目を残したコンクリート打ち放しの円柱列や床面に千鳥状に敷かれた色違いのテラゾー(人造大理石)ブロックなど印象的な空間を形成している。

その後、図書館・音楽堂ともに多くの利用者を集め、県民に愛される施設となったが、一九九三年(平成五)の紅葉坂エリア再編整備計画では、両館建替も検討された。しかし、各方面からの保存要望やバブル後の県財政問題もあり、時の岡崎県知事は一九九六年一〇月に再編計画撤回を表明、施設は存置されることとなった。さらに、二〇二一年(令和三)には、県を代表するモダニズム建築として、近代美術館に次いで県指定重要文化財に指定された。現在、図書館機能は近隣地に新設された新館に移り、こちらは耐震化工事のうえ、「前川國男館」として再整備の予定である。

なお、県内には非装飾的な箱形のモダニズム様建築は戦前からいくつか存在していたが(たとえば石本喜久治設計の横須賀海仁会病院、一九三九年〈昭和一四〉)、戦時途上の実用的な建築であり、記念性には乏しい。前述の戦後モダニズム建築の意義は、設計者が意図的に選択したこの形態を発注者も県民も新時代到来の表徴として広く受け入れたことにある。

野毛都橋商店街ビル(横浜市中区)

その後のかながわ現代「歴史的」建造物

横浜市中区野毛《のげ》の歓楽街の南側を流れる大岡川沿いに、川の形状に合わせた弧状の細長い二階建て長屋状のビルが建っている。この「野毛都橋《みやこばし》商店街ビル」は、一九六四年(昭和三九)東京オリンピックを前に、野毛周辺の戦後から続く露店などを収容するため建設された共同店舗ビルであり、戦後復興政策の延長上に位置し、オリンピックを機にそれに一つの区切りをつけた建物なのである。けっして見栄えの良い建物ではないが、いわゆる「防火帯建築」と合わせて、神奈川県、横浜市の戦後史、都市史を語るうえで貴重な資産である。

先にふれた坂倉準三、前川國男は、その後も横浜市内を中心にいくつかのモダニズム建築を手がける。坂倉のシルクセンター国際貿易観光会館(中区、一九五九年)は、近代美術館とはまったく異なる打ち放しコンクリートによる骨太のアウトフレームが特徴、床の装飾的な「テラゾー」も美しい。後年の神奈川県庁新庁舎(同、一九六六年)は、さまざまな色合

シルクセンター国際貿易観光会館(横浜市中区)

いの青色タイルがみずみずしい。前川は、図書館・音楽堂に隣接して、当時の代表作である東京文化会館(一九六一年)に似たダイナミックなコンクリートフォルムの神奈川県立青少年センター(西区、一九六二年)を設計。さらに神奈川婦人会館(同、一九六五年)は全面打ち放しコンクリート、晩年の横浜市中区役所(一九八三年)は「打ち込みタイル」と、それぞれの時期に特徴的な建物を残している。

これら以外で注目される建築は、村野藤吾《むらのとうご》による旧横浜市庁舎(中区、一九五九年)、山田守《まもる》による長沢《ながさわ》浄水場(川崎市多摩区、一九五七年)、横浜中央病院(中区、一九六〇年)、東海大学湘南キャンパス(平塚市、一九六二年)があり、いずれも、DOCOMOMO JAPAN(近代建築の記録と保存を目的とする国際学術組織の日本支部)によってわが国を代表する近代建築に選定されている。これらのほかにも湯河原《ゆがわら》町役場(一九六二年)は、地方役所建築におけるモダニズム導入の好例であり、大谷幸夫《おおたにさちお》による逆Y字形デザインが特徴の河原町《かわらまち》団地(川崎市幸区、一九七〇〜七五年)は、本県の高度成長期に県内各所に

河原町団地（川崎市幸区）

建てられた団地群を代表する。また代官山《だいかんやま》ヒルサイドテラスなどを手がけた槇文彦《まきふみひこ》が関わった金沢シーサイドタウン（横浜市金沢区、一九七八年〜）は、それまでの県内ニュータウン事業とは一線を画すスタイリッシュで一体化した街並みを生み出した。

近年では湘南台《しょうなんだい》文化センター（藤沢市、一九九〇年〈平成二〉）がバブル期の県内ポストモダニズム建築として注目されている。万博のパビリオンのようなアルミ金属板を多用した近未来的な複雑で迫力あるデザインだが、周囲のプロムナードに瓦や貝殻片を埋め込み「テラゾー」風に磨きあげるなど、この時期ならではの洒落《しゃれ》気も感じられる。なお、文化庁が、今後の文化財指定候補を検討するために実施した近現代建造物緊急重点調査（二〇〇〇年竣工までを対象）で、神奈川県は上記建造物を含む三八件がリストアップされている。

このようにモダニズム関係を含む戦後のトピック的な建造物を追うだけでも、県土の発展、世相の推移をほぼトレースできるのである。

これからのかながわの歴史を語る文化財建造物

湘南台文化センター（藤沢市）

文化庁は、一九九五年（平成七）の阪神・淡路大震災における数多くの近代建造物の被災を受けて、翌年文化財建造物の登録制度を発足。そこではおおむね竣工後半世紀を経過した建物を対象とした。その後、五〇年経《た》てば文化財に登録されうることが少なくとも行政側には浸透した。

現在は、ガラス張りで鉄筋コンクリート造りの現代的な建物が県内各所に氾濫《はんらん》し、個々の歴史性を問う意味などほとんどないが、かつて近現代建築の保存に尽力した建築史家鈴木博之《ひろゆき》が指摘したように、その建物が大切に保存されるためには、建物の歴史的価値に加え、県民・市民にいかに親しまれるかが鍵になる。県立近代美術館や図書館・音楽堂の保存の経過がそれを物語る。たとえば神奈川県が実施する「神奈川建築コンクール」には、毎年すばらしい作品が寄せられるが、それらが五〇年後の歴史的文化財たりうるかは、所有者や利用する県民・市民が建物に寄せる愛情を丁寧に積み重ねていくことが大事になるだろう。

（谷口）

旧《きゅう》神《か》奈《な》川《がわ》県《けん》立《りつ》近《きん》代《だい》美《び》術《じゅつ》館《かん》

→P175

戦後モダニズム建築の出発点

「かまきん」として親しまれた神奈川県立近代美術館の旧鎌倉本館は、神奈川県から鶴岡八幡宮《つるがおかはちまんぐう》に所有が移ったが、鎌倉の歴史、文化を広く紹介するミュージアム機能は継承された。モダニズム建築の特徴でもある吹き抜けの中庭中央にかつて展示され、「かまきん」のマスコットでもあったイサム・ノグチの「こけし」像は、近代美術館葉山館に移設されている。

また、よく晴れた日には、平家池に臨むピロティの天井に水面から反射した日差しがキラキラと輝き、幻想的な空間となる。坂倉準三は、この自然の効果まで計算していたのである。

ピロティ部分

DATA

重文 鎌倉市雪ノ下（現鎌倉文華館 鶴岡ミュージアム）

神《か》奈《な》川《がわ》県《けん》立《りつ》図《と》書《しょ》館《かん》・音《おん》楽《がく》堂《どう》

→P172

前川國男の初期代表作、ガラス張りの軽快なデザイン

県立図書館・音楽堂の竣工は、近代美術館の三年後になるが、同じモダニズム建築でも、型枠の木目を残して木柱風にしたコンクリート打ち放しの列柱、ガラス張り、日除けと採光を兼ねたホローブリックとコンクリートルーバー、床の色違いのテラゾー（人造大理石）ブロックなど、復興の進展を受けたのか、デザイン上の工夫は多様になっている。

なお、図書館側の外観を特徴づけるホローブリックは、クリーム色の釉薬《ゆうやく》が塗られ、日光を室内側に柔らかく反射するとともに、夜間には室内の灯が美しく輝くという効果がある。

音楽堂ホワイエ

DATA

県指定 横浜市西区紅葉坂

野《の》毛《げ》都《みやこ》橋《ばし》商《しょう》店《てん》街《がい》ビル ↓P172

単純で雑然とした外見だが、なかなかの歴史性が込められている。戦前物件が主体の横浜市登録歴史的建造物では、数少ない戦後物件として二〇一六年(平成二八)に登録。

DATA 横浜市中区宮川町

シルクセンター国《こく》際《さい》貿《ぼう》易《えき》観《かん》光《こう》会《かい》館《かん》 ↓P172

横浜戦後復興事業の一環で、シルク産業のPRと観光振興を目的として建設。建物の骨太なアウトフレームの迫力や、曲線的で優美なテラゾーのデザインに目を奪われる。

DATA 横浜市中区山下町

旧《きゅう》横《よこ》浜《はま》市《し》庁《ちょう》舎《しゃ》 ↓P172

世界平和記念聖堂(国重文、広島県)などを手がけたモダニズム建築家村野藤吾の数少ない県内作品。コンクリート主柱の間にタイル充塡《じゅうてん》という村野独特のデザイン。ホテルとして再整備予定。

DATA 横浜市中区港町

東《とう》京《きょう》都《と》水《すい》道《どう》局《きょく》長《なが》沢《さわ》浄《じょう》水《すい》場《じょう》 ↓P173

川崎市にある東京都の浄水場。キノコのようなマッシュルーム柱が立ち並ぶ。モダニズム建築家山田守の代表作。特徴的な外観から、ウルトラマンなど数多くの特撮ロケ地としても利用された。

DATA 川崎市多摩区三田

河《かわ》原《ら》町《まち》団《だん》地《ち》 ↓P172

JR川崎駅のほぼ真北の多摩川近くに林立する団地群。京都国際会館などを手がけた大谷幸夫ならではの逆Y字形デザインは、ちょっとした異次元感覚を味わえる。

DATA 川崎市幸区河原町

湘《しょう》南《なん》台《だい》文《ぶん》化《か》センター ↓P176

非装飾的なモダニズムを批判して装飾性が復権した、一九八〇年代ポストモダニズム建築の県内を代表する建物。設計者の長谷川《はせがわ》逸子《いつこ》は、市民に設計の意図を丁寧に説明し、実現に至ったという。

DATA 藤沢市湘南台

12章

神奈川県と災害

神奈川県を含む関東南部一帯に甚大な被害をもたらした関東大震災は、今では遠い過去の記憶となっているが、県内には震災を直接語る物証たる「天然記念物」関係の遺産が二カ所存在する。いずれも震災によって引き起こされた、きわめて珍しい自然現象の痕跡であり、神奈川県独特の文化財でもある。

出現した橋脚――史跡・天然記念物「旧相模川橋脚」

一九二三年（大正一二）九月一日に発生した関東大震災は、神奈川県を含む広範な地域で甚大な被害をもたらした。この大災害のなか、茅ヶ崎《ちがさき》市下町屋《しもまちや》の水田では複数の木柱が忽然《こつぜん》と姿を現すという現象が起きた。この木柱こそが、現在、国の史跡と天然記念物の二種類の指定を受けている旧相模川橋《きゅうさがみがわきょう》脚《きゃく》である。

出現した木柱が歴史的遺産であることを明らかにしたのは歴史学者沼田頼輔《ぬまたらいすけ》で、沼田は翌年一月一五日に起きた余震から五日後の一月二〇日に現地に赴き調査している。そして調査結果を基に『吾妻《あづま》鏡《かがみ》』や『保暦間記《ほうりゃくかんき》』などの史料をふまえ、この木柱は鎌倉時代の一一九八年（建久《けんきゅう》九）に源頼朝《みなもとのよりとも》の重臣である稲毛三郎重成《いなげさぶろうしげなり》が、亡き妻の供養のために相模川に架けた相模川橋であると考証し、論文を発表するとともに保存に向けて動いている。またこの間、内務省地理課の嘱託で史蹟名勝天然紀念物調査会考査員でもあった柴田常恵《しばたじょうけい》も現地を訪れ、貴重な写真を残している。震災直後という混乱時でありながら、余震からわずか三カ月後の四月一六日には神奈川県によって保存のための仮指定が図られ、二年後の一九二六年一〇月二〇日には鎌倉時代の橋遺跡として国史跡に指定された。この背景には、沼田や柴田をはじめとする関係者がすばやく調査・保存に取り組んだことを忘れてはいけない。

橋脚の出現状況（國學院大學博物館所蔵・國學院大學デジタルミュージアム〈柴田常恵写真資料〉収録）

文化財保護の歩みを残す遺産

指定後には保存整備が進められたが、当時の計画図や整備状況を示す写真が残っていたことに加え、二〇〇一年（平成一三）から実施された保存整備にともなう発掘調査では周堤や護岸杭列が発見され、初期保存池が残っていることが明らかになった。また一九六五年（昭和四〇）に整備された第二期保存池も確認されている。旧相模川橋脚は早くから公開普及にも取り組んでおり、一九三二年に吉田初三郎《よしだはつさぶろう》が描いた「神奈川県鳥瞰図《ちょうかんず》」に描かれている。また絵葉書も作製されており、茅ヶ崎の観光名所として定着していたようである。第二期整備後の一九七二年には沼田が詠んだ漢詩を刻んだ「湘江古橋行《しょうこうこきょうこう》」の碑も建てられている。このように、旧相模川橋脚からは出現から今日までの保存活用の歩みを知ることができる。

鎌倉時代の橋遺跡　旧相模川橋脚は、沼田によって『吾妻鏡』に記されている鎌倉時代の相模川橋と考証されたが、発掘調査でも橋脚の配置、規模などが確認され、考古学的にも橋であることが明らかにされた。橋脚(橋杭)は全部で一〇本確認され樹種はすべてヒノキであった。橋杭は丸く仕上げられており太さは直径四八～六九センチ、長さは確認できたもので残長三メートル六五センチであった。木材を天地逆に使用し下部をとがらせており、掘り込み式ではなく打ち込まれたものであろう。橋杭一〇本のうち二本で貫穴と考えられる加工痕が確認されたことから、上部に梁《はり》を渡して桁《けた》を載せる桁橋構造の橋であったことが明らかになった。橋杭は東西方向の三本が一組となり、南北方向に四列配置されていることから、橋はおおむね南北方向に架けられたと考えられる。橋の規模は幅約九メートル、長さ約四〇メートル以上であったことが推測でき、当時の橋としては大規模なものであったことがうかがえる。調査では新たに北側から土留め遺構が発見されている。(長さ六メートル以上の二枚の厚板が東西方向に設置され、一二メートル以上の土留めとなっている)厚板は角柱で支えられており、板の北側からは礫《れき》

橋脚と液状化現象(茅ヶ崎市教育委員会提供)

が確認されている。この厚板や角柱に使用された材料は転用材で、船材などであった可能性がある。橋の年代は年輪年代測定や出土した埋納銭から鎌倉時代前半であることが判明した。確認された橋は時代、規模、構造に加え架橋に必要な技術力、資材調達などを考えると、架橋の背景に鎌倉幕府の関わりを推測することができる。この地は鎌倉から西に約一五キロの位置にあたり、京都を意識した鎌倉幕府の威信を示す橋であった可能性も考えられる。旧相模川橋脚は、鎌倉時代の数少ない橋遺跡として歴史的意義は高く、当時の土木技術や交通を考えるうえでも欠かせない遺跡である。

整備された橋脚と桜(茅ヶ崎市教育委員会提供) 国史 国天

災害を伝える遺跡　旧相模川橋脚は、史跡に指定されたことで現状が維持されており、その状態は関東大震災という災害を伝えている。浮き上がった橋脚は、高さや傾きがそれぞれ異なっており、地震によって発生した液状化現象によって動いた個々の状態を示しているもので、関東大震災で発生した地震のすさまじさを知ることができる。橋脚は本震と翌年の余震でそれぞれ動いたとされ、沼田はその様子についても記録を作成している。発掘調査では、橋脚の浮き上がりにともなって生じた地層の引きずり状況や液状化現象を示す噴砂《ふんさ》(礫)などが観察され、地震の痕跡が現地に残存していることが明らかになった。

こうしたことから史跡指定より八七年後の二〇一三年(平成二五)に国の天然記念物としても指定を受けた。液状化現象を対象とした天然記念物指定は全国で初めての事例で、関東大震災の状況を示す遺跡として、防災教育としても活用が期待される。なお一つの文化財が異なる内容で指定を受ける重複《ちょうふく》指定のうち、史跡と天然記念物の組み合わせは全国で九例と少なく、文化財の多様性という点からも注目される。近年は桜の名所として市民に親しまれており「ちがさき景観資源」という新たな視点からも評価されている。

現地で見学できる橋脚は地震で出現した傾きや高さなどを忠実に示したレプリカで、実物は現在地中の保護ピットで保存されている。また初期保存池の範囲再現や地形模型の設置など、遺跡の理解を深める工夫もされている。旧相模川橋脚は数少ない重複指定を受けている文化財であり、地域をはじめ研究者、行政など多くの人々に守られてきた貴重な遺産である。

（大村）

関東大震災の地すべりが生んだ「震生湖」

震生湖《しんせいこ》は一九二三年（大正一二）九月一日の関東大地震により、中村川支流の藤沢川最上流部の市木沢《いちきざわ》南斜面が約二五〇メートルにわたって地すべりを起こし、滑落した土砂が河道を閉塞《へいそく》して誕生した。この沢の上流はちょうど足柄上郡《あしがらかみ》と中郡《なか》の境界になっており、結果として震生湖は足柄上郡中井町と秦野市《はだの》にまたがって所在することとなった。

地震発生時、周辺では複数の土砂崩れも発生しており、震生湖北西の峰坂《みねざか》で発生した土砂崩れでは、地震発生当時下校中だった南秦野尋常高等小学校の二人の少女が遭難しており、坂上の台地上に一九二四年一〇月、「大震災埋没者供養塔」が建立されている。

地すべりが発生した当初、地元では大陥没による地形変動と受け止め「陥没地」と呼んでおり、徐々に水がたまってきた頃に「陥没池」と呼ぶようになった。「震生湖」の名は寺《てら》田《だ》寅彦《とらひこ》を命名者とするものもあるが、一九二四年頃に地元有志が地域資源として活用しようとして命名したもので、「共楽会」を組織し池に魚を放って釣魚大会を催したりした。

昭和三〇年代前半までは、近隣に泳げる川やプールがなかったため、遊泳者が多かったが、湖底に立木が残り水の循環が悪く水難事故が多いため、一九六一年(昭和三六)頃から遊泳禁止となり、弁天堂が設置されるなど、観光地としての整備が進められた。

「うしろくぼの大陥没」(『秦野誌竝震災復興誌』1925年)

寺田寅彦の来訪と句碑

東京帝国大学地震研究所の寺田寅彦は、一九三〇年(昭和五)九月七日および一二日の二度にわたって震生湖を訪れている。七日は下見で、写真だけ撮って帰ったが、一二日は宮《みや》部《べ》直巳《なおみ》と津《つ》屋《や》弘達《ひろみち》を伴い測量も行った。

寺田寅彦の句碑(1955年撮影)

寺田らは、周辺の地形

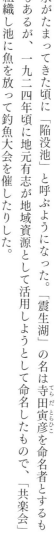

震生湖（1993年撮影）登録

も観察したうえで、「秦野盆地を中心とする附近の地形が、之を適当に縮少すると、丁度この崩壊地の地形に類似する」との見解を述べ、秦野盆地の形成については外見からだけでは判断できないので、「盆地から松田町の方へ通ずる谷の両側における地質の比較」の必要性を説いている。

また、震生湖が形成された谷に沿って崩壊の痕跡が多く見られることを指摘し、五万分の一地形図で見て、図上に無数の池沼が点在する地域には往々にして崩落地も多数見られることから、湖沼地帯と過去の地震との関係性を指摘した。このことは後述する京都大学防災研究所が主体となって行った航空レーザー計測によっても確認されている。

寺田は地球物理学者であったが夏目《なつめ》漱石《そうせき》門下の俳人でもあり、湖畔には寺田が来訪時に詠んだという「山裂けて　成しける池や　水すまし」の句碑が建つ。これは寺田の友人の小宮豊隆《こみやとよたか》が揮毫《きごう》、一九五五年九月一日に建設披露式を行ったものである。なお、寺田はほかに「そば岡穂　丸う山越す　秋の風」、「穂芒《ほすすき》や　地震《ない》に裂けたる　山の腹」という二句も残しており、「穂芒や」の句碑は秦野市立本町小学校に阪神・淡路大震災直後の一九九五年（平成七）二月に、「そば岡穂」の句碑は上述の「大震災埋没者供養塔」の前に二〇二二年（令和四）九月に建碑されている。

紅葉の名所として人気の震生湖(秦野市観光協会提供)

国登録文化財となった震災遺構

河道閉塞による天然ダムは、流入河川による上流での浸水被害や越流決壊による土石流や洪水を引き起こす可能性があるが、震生湖の場合は最上流部のため流入河川の影響をほとんど受けていない。また、通常の湖に比べ表面積に対して深度があり、雨水などが湖水の全容量に与える影響も比較的小さなものと考えられ、誕生から一〇〇年近くが経過する今日まで決壊することなく現存している。

二〇一一年(平成二三)の東日本大地震後、震生湖は震災遺構として注目され、二〇一五年度には京都大学防災研究所を主体とする地質調査が行われ、震生湖を誕生させた地すべりの内部構造について、地表から一七メートル程度の深さにある約六万六〇〇〇年前に堆積した東京軽石層にすべり面があり、その上部の火山灰土と火砕流堆積物がすべったものであることをボーリング調査などによって明らかにしている。

震生湖は歴史的にも著名な関東大地震によって誕生した「現存する堰《せき》止湖《とめこ》」としてだけでなく、これを構成すると考えられる「崩落地」「堰止地」および「湖面」の三要素が一望できるという点において希少であり、関東大地震の規模の大きさを今日に伝える重要な地質遺産であると考えられることから、二〇二一年(令和三)、国登録記念物に登録された。

(大倉)

函《かん》嶺《れい》洞《どう》門《もん》

↓P179

箱根駅伝の選手も駆け抜けていた近代土木遺産

箱根湯本の繁華街を抜けた国道1号の先、急斜面の下、早川に沿って鉄筋コンクリート造りの細長い構造物が見えてくる。このようなトンネルでない道路の土砂崩落防止施設を「洞門」という。この斜面が関東大震災で崩落、復旧後、一九三一年(昭和六)に設置された。

箱根駅伝の舞台としても知られ、坑口のクラシックなタイル装飾や川側の連続アーチが時代を感じさせる。付近の千歳《ちとせ》橋、旭《あさひ》橋とともに国重文に指定。

国道1号自体は近年北側に付け替えられており、文化・観光資産として今後の整備、利活用が期待される。

編者提供

DATA

重文 箱根町湯本

神《か》奈《な》川《がわ》県《けん》立《りつ》恩《おん》賜《し》箱《はこ》根《ね》公《こう》園《えん》

↓P179

皇族の避暑地に選ばれるほどの景勝地

芦ノ湖南東、湖に突き出した半島状の塔ヶ島に立地している。眼前に芦ノ湖、右手に箱根駒ケ岳と箱根神社の鳥居、向こうに箱根外輪山、そして富士山といったすばらしい眺望に恵まれたこの場所に明治時代皇族の離宮が設けられ、壮麗な西洋館と日本館が建っていた。

しかし、関東大震災と続く北伊豆地震で建物は倒壊、離宮は閉鎖。戦後、県に下賜されたため「恩賜」という。今では県立公園として整備、洋館風の湖畔展望館が当時の雰囲気を漂わせる。館内には、離宮関係の資料が展示され、前面の広場には離宮建物の礎石が残されている。

編者提供

DATA

国名 箱根町元箱根

鎌《かま》倉《くら》大《だい》仏《ぶつ》殿《でん》跡《あと》

↓P175

高徳院の国宝「鎌倉大仏」には、奈良の大仏のようにかつて覆屋《おおいや》(大仏殿)があった。一四～一五世紀の大風や地震で倒壊したといい、今の露座の御姿は、かつての災害を証するものともいえる。

DATA
国史 鎌倉市長谷

文《ぶん》命《めい》堤《づつみ》

↓P179

関東大震災以前の大規模災害といえば一七〇七年(宝永《ほうえい》四)の富士山噴火である。降灰で酒匂川《さかわがわ》底が上がり氾濫《はんらん》したため、幕命により土手が築かれ、中国の治水神にちなんで「文明堤」と名づけられた。

DATA
市指定 南足柄市怒田

横《よこ》野《の》山《さん》王《のう》原《ばら》遺《い》跡《せき》

↓P177

宝永の噴火の火山灰は、県内各所の農作物に大被害をもたらしたため、農民は細長い溝を農地に何条も掘削、火山灰を廃棄した。この秦野《はだの》盆地西部の遺跡では、集中して多条の廃棄溝が発見された。

DATA
秦野市横野

山《やま》下《した》公《こう》園《えん》

↓P172

横浜を代表する観光名所として、多くの観光客が訪れるこの広大な公園は、じつは関東大震災で発生した大量の瓦礫《がれき》を埋め立てて誕生した。公園の広さは甚大な被害の裏返しなのである。

DATA
登録 横浜市中区山下町

山《やま》下《した》居《きょ》留《りゅう》地《ち》遺《い》跡《せき》

↓P172

現神奈川芸術劇場の建設にともなう発掘調査で、関東大震災で倒壊した赤レンガ建物の基礎や道路、路面下のガス管などのインフラ施設が発見された。その一部は芸術劇場裏手に展示されている。

DATA
横浜市中区山下町

小《お》田《だ》原《わら》城《じょう》跡《あと》

↓P179

小田原城跡も関東大震災で大きな被害を受けた。天守南側の散乱した石垣群は、その際に崩落したものである。また当時二の丸にあった皇族の御用邸も被災し、一九三〇年(昭和五)に閉鎖された。

DATA
国史 小田原市城内

コラム

神奈川県の民俗芸能——里・海・山・都市

神奈川県の風土と民俗芸能

民俗芸能とは、地域の暮らしのなかで祭りや行事においておもに非専業者が演じる歌、踊り、演劇などの芸能である。神奈川県には国・県が指定または選択する無形民俗文化財としての民俗芸能が二九件あるが、民俗芸能は文化財への指定がその価値を決めるのではなく、私たちの暮らしがどのように推移してきたのかを知るための文化的素材の一つとして捉える必要がある(国指定◎、国選択○、県指定◇、ユネスコ無形文化遺産代表一覧に記載回で示す)。

里の民俗芸能

三匹獅子舞《ししまい》は東日本に広く分布する風流《ふりゅう》系の獅子舞で、神奈川は分布の最南端にあたる。県内の三匹獅子舞(◇)は悪疫流行の折に伝えられたとされるものや雨乞《あまご》いのために行っていたものもある。疫病退散、五穀豊穣の目的をもつ三匹獅子舞は農業が盛んであった地域に分布している。

ささら踊り(○・◇)も里に伝えられる民俗芸能の一つである。ささらとは竹でつくられた楽器で、ささらを手に持ち歌に合わせながら踊る。盆踊りとして親しまれてきたが、他地域と異なり女性のみで構成される点が特徴である。

海の民俗芸能

横須賀の虎踊り(◇)と同様の性格をもつ民俗芸能は、太平洋側の港を中心に各地に点在する。横須賀が神奈川の海路貿易であったことを示す貴重な民俗芸能の一つである。

小田原以西に分布する鹿島踊《かしまおどり》(○・◇)は円形と列形に隊形変化する風流踊りである。かつては各伝承地の浜で海に向かって踊られており、航海の安全を祈願する目的ももつ。

チャッキラコ(◎・回)は女児による風流踊りである。チャッキラコの伝承由来の一つに、三崎《みさき》の地へ流れ着いた藤原資盈《ふじわらのすけみつ》の妻、盈渡姫《みつわたりひめ》が漁民の娘たちに教えたというものがある。また、かつての踊り子は漁家の女児に限られており、三崎という漁村の特色が表れている。

山の民俗芸能

足柄上郡《あしがらかみ》山北町《やまきた》に伝わるお峯《みね》入《い》り(◎・回)は、修験道《しゅげんどう》の儀礼が芸能化したものといわれ、道行きと呼ぶ行列とともに八種の踊りが踊られる。世附《よづく》の百万遍念仏《ひゃくまんべんねんぶつ》(◇)では修験の行装をした者が祈りを捧《ささ》げたのち、皆で大数珠を回しながら念仏を唱える。お峯入りと同様、山岳修験者の影響を色濃く残している。

箱根町の湯立《ゆたて》獅子舞(◎)は、湯を沸かした釜の前で獅子が舞い湯立神事を行う。伊勢《いせ》の大神楽《だいかぐら》の影響を受けたものであるが、静岡県御殿場《ごてんば》市沼田《ぬまた》にも同様の芸能が伝承しており、箱根山を通じた伝播《でんぱ》の状況がみられる。

チャッキラコ(三浦市提供)

都市の民俗芸能

県内でもっとも数が多い民俗芸能が祭囃子《まつりばやし》(◇)である。ほぼ全域に分布するが、楽器構成や曲目は土地によって相違がある。曲目などは江戸の祭囃子との共通性がみられ、都市部との交流のなかで伝えられた民俗芸能といえよう。同様に、江戸文化との交流のなかで発展した民俗芸能として相模《さがみ》人形芝居(◎・○)がある。文楽《ぶんらく》の影響を受けている民俗芸能で、江戸文化を取り入れ神奈川独自の民俗芸能へと発展した。

鎌倉神楽《かぐら》は鶴岡八幡《つるがおかはちまん》宮《ぐう》を中心に、双盤念仏《そうばんねんぶつ》は浄土宗大本山光明《こうみょう》寺《じ》を中心に周辺地域へ広がった民俗芸能である。中世の都市・鎌倉が文化の拠点でもあったことを現代に伝えている。（髙久）

お峯入り(山北町教育委員会提供)

本ページ、P172、P174、P176、P178の地図は、数値地図（国土基本情報20万）（国土地理院）および、数値地図（国土基本情報）25000（国土地理院）を加工して作成した。

神奈川県エリア別 史跡・文化財マップ

全国的に有名な場所から地元の身近な場所まで、本書に登場するおもな史跡・文化財・博物館などをエリア別（横浜・川崎、横須賀・三浦、湘南、県央・県西）に掲載。
地域ごとの特色から神奈川県の歴史をたどる。

県央・県西エリア
P178

横浜・川崎エリア

東京ディズニーリゾート
ゆりかもめ
品川
西小山
大岡山
東京ゲートブリッジ
357
大森
1
15
池上
京急本線
東京国際空港
島田
幸区
矢向
川崎大師
東門前
多摩川
京急
大師線
川崎
川崎大師 P104
河原町団地 P157
川崎区
八丁畷
鶴見
浜川崎
扇町
川崎浮島
JCT
409
東京湾アクアライン
鶴見川
N
0
5km
横浜中心部拡大図
高島町
神奈川県立図書館・音楽堂 P156
みなとみらい
旧横浜船渠株式会社第一号・
第二号船渠 P128
旧横浜正金銀行本店本館 P116
横浜市開港記念会館 P128
桜木町
馬車道
133
象の鼻 P117
京浜急行
みなとみらい線
神奈川県庁舎 P116
関内
根岸線
日本大通り
山下公園
P167
日ノ出町
野毛都橋
商店街ビル
P157
16
関内
横浜スタジアム
元町・中華街
黄金町
横浜市営地下鉄
伊勢崎長者町
港の見える丘公園
阪東橋
旧横浜市庁舎 P157
石川町
山下居留地遺跡
（旧横浜居留地
48 番館）
P117・167
シルクセンター
国際貿易観光会館
P157
0
500m
旧キリンビール工場跡 P117

二ヶ領用水 P94
登戸研究所 P143
東京都水道局
長沢浄水場 P157
橘樹官衙遺跡群（千年伊勢山台遺跡）P69
影向寺・
橘樹官衙遺跡群
（影向寺遺跡）
P17・69
稲荷前古墳群
P59
東京陸軍兵器補給廠
田奈填薬所 P143
市ヶ尾横穴墓群
P59
連合艦隊司令部
地下壕 P145
大塚・歳勝土遺跡
P14・48
小机城 P93
神奈川台場跡 P117
西谷浄水場 P129
品濃一里塚 P22
弘明寺 P17・69
三殿台遺跡
P14・49
三溪園
P130
能見堂跡地 P105
瀬戸神社・琵琶島 P24
横須賀海軍航空隊地下壕
（野島掩体壕）P142
稲田堤
多摩区
生田
登戸
狛江
多摩川
二子玉川
南武線
高津区
溝の口
京浜川崎
新百合ヶ丘
麻生区
宮前区
東名川崎
武蔵小杉
武蔵新城
鷺沼
246
あざみ野
中原区
こどもの国
江田
市が尾
青葉区
横浜青葉
都筑区
都筑
日吉
東急東横線
新川崎
綱島
鶴見川
相模大野
成瀬
長津田
青葉台
横浜線
港北区
港北
新横浜
鶴見区
鴨居
小机
中央林間
横浜町田
緑区
中山
菊名
1
東名高速道路
16
大口
神奈川区
さがみ野
鶴間
東神奈川
新子安
瀬谷区
旭区
東海道新幹線
保土ヶ谷
相鉄本線
二俣川
上星川
保土ケ谷区
横浜
大和
藤塚
桜木町
新保土ヶ谷
今井
星川
西区
保土ケ谷
狩場
関内
いずみ野
川上
東戸塚
南区
中区
泉区
弘明寺
山手
上矢部
別所
16
長後
いずみ中央
磯子区
上大岡
根岸
港南区
戸塚
磯子
湘南台
戸塚区
日野
洋光台
杉田
新杉田
小田急江ノ島線
本郷台
港南台
港南台
金沢シーサイドライン
467
1
根岸線
堀口能見台
並木
栄区
金沢自然公園
大船
幸浦
藤沢
金沢区
藤沢
東海道本線
金沢文庫
八景島
朝比奈
金沢八景
野島公園
鎌倉
六浦

横須賀・三浦エリア

夏島貝塚 P39
東京湾第三海堡構造物（夏島都市緑地内） P143
横須賀海軍航空隊地下壕（貝山地下壕） P142
スチームハンマー P117
東京湾要塞跡
（猿島砲台跡） P142
東京湾第三海堡構造物
（うみかぜ公園内） P27・143
浄楽寺 P81
観音崎砲台群
P143
打木原遺跡 P39
東京湾要塞跡
（千代ヶ崎砲台跡）
P27・142
走水水源地（煉瓦造貯水池・
鉄筋コンクリート造浄水池）
P143
赤坂遺跡 P45
雨崎洞穴 P59
毘沙門洞窟遺跡 P49
城ヶ島砲台跡 P26
口能見台
並木
幸浦
金沢シーサイドライン
357
金沢八景
16
八景島
六浦
追浜
京浜急行
田浦
逗子
子山
横須賀
逸見
横須賀中央
猿島
県立大学
堀ノ内
馬堀海岸
馬堀海岸
観音崎
浦賀
浦賀
衣笠
横須賀線
横浜横須賀道路
大楠山
衣笠
佐原
久里浜
京急久里浜
134
横須賀市
武山
富士山
YRP野比
京急長沢
津久井浜
三浦市
三浦海岸
三崎口
城ヶ島
N
0
5km

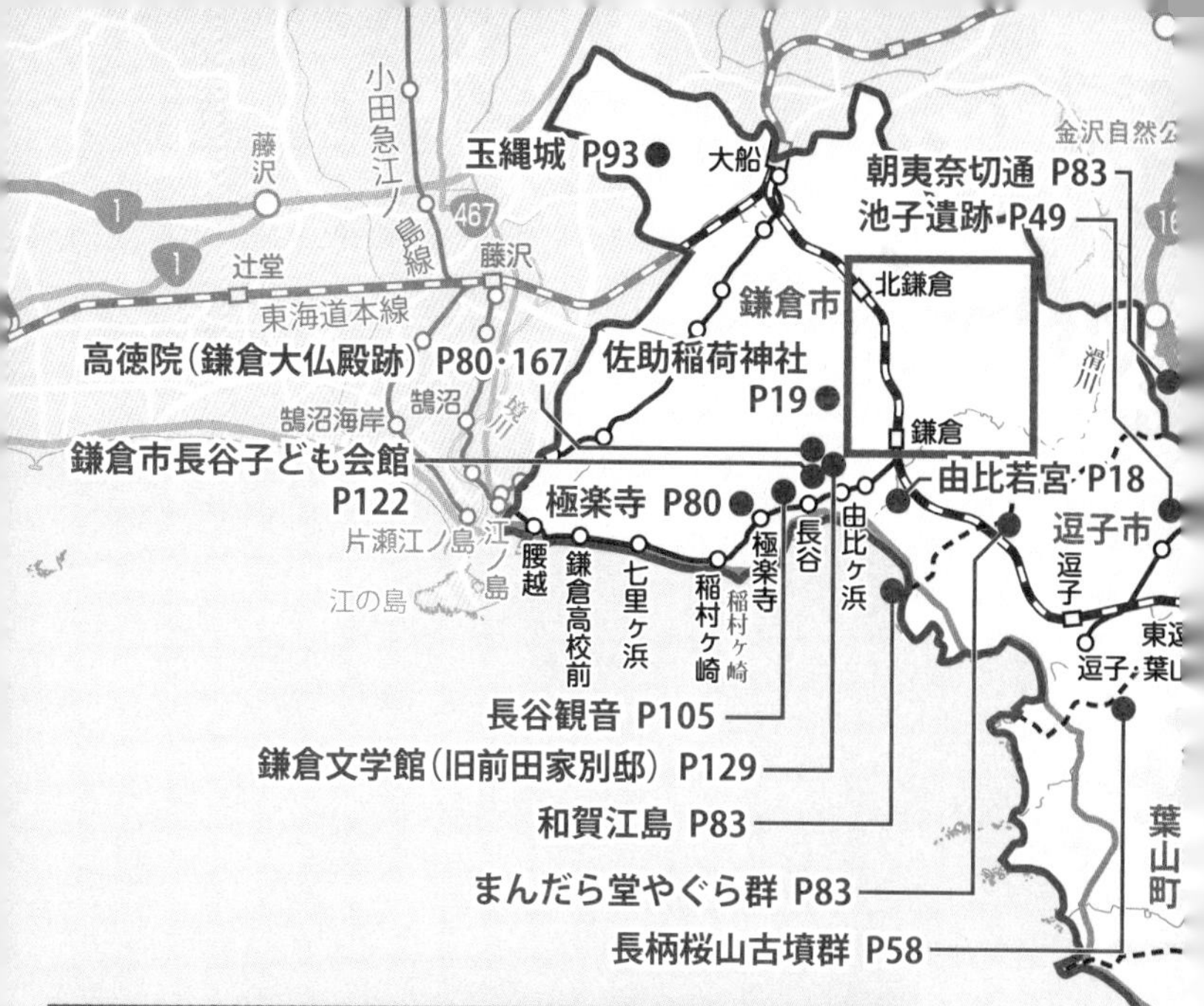

小田急江ノ島線
藤沢
1
467
1
辻堂
藤沢
東海道本線
玉縄城 P93
大船
朝夷奈切通 P83
池子遺跡 P49
金沢自然公
北鎌倉
鎌倉市
高徳院（鎌倉大仏殿跡）P80・167
佐助稲荷神社
P19
鵠沼
鵠沼海岸
境川
鎌倉
鎌倉市長谷子ども会館
P122
由比若宮 P18
逗子市
極楽寺 P80
滑川
片瀬江ノ島
江ノ島
腰越
鎌倉高校前
七里ヶ浜
稲村ヶ崎
稲村ヶ崎
極楽寺
長谷
由比ヶ浜
逗子
東逗
逗子・葉山
江の島
長谷観音 P105
鎌倉文学館（旧前田家別邸）P129
和賀江島 P83
まんだら堂やぐら群 P83
長柄桜山古墳群 P58
葉山町

鎌倉北部 エリア拡大図

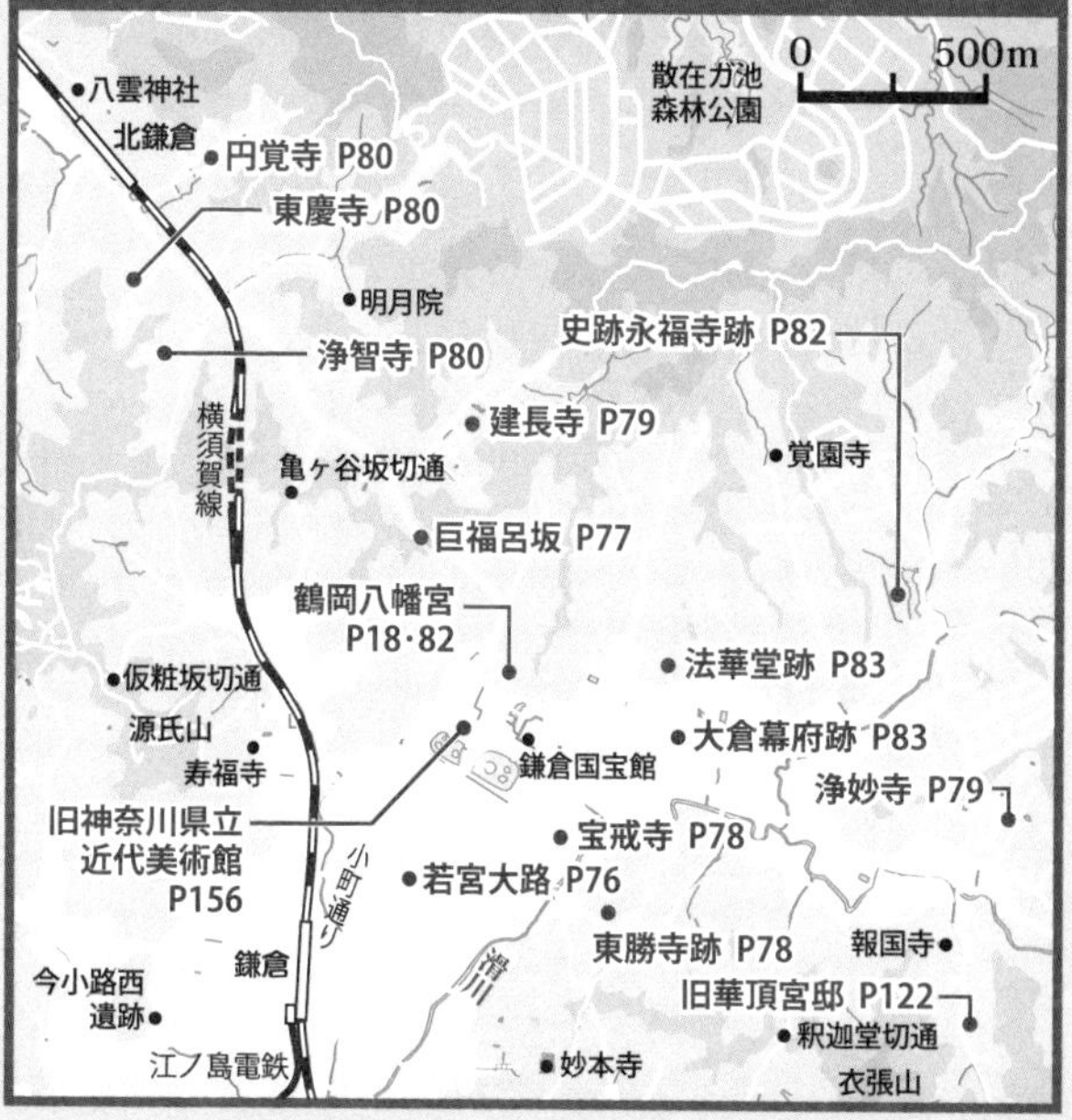

0
500m
散在ガ池
森林公園
八雲神社
北鎌倉
円覚寺 P80
東慶寺 P80
明月院
浄智寺 P80
史跡永福寺跡 P82
建長寺 P79
横須賀線
亀ヶ谷坂切通
覚園寺
巨福呂坂 P77
鶴岡八幡宮
P18・82
法華堂跡 P83
仮粧坂切通
源氏山
大倉幕府跡 P83
寿福寺
鎌倉国宝館
浄妙寺 P79
旧神奈川県立
近代美術館
P156
宝戒寺 P78
若宮大路 P76
小町通り
東勝寺跡 P78
報国寺
滑川
鎌倉
今小路西
遺跡
旧華頂宮邸 P122
釈迦堂切通
江ノ島電鉄
妙本寺
衣張山

湘南エリア

大(応)神塚古墳 P59
下寺尾西方遺跡 P44
堤貝塚 P39
遊行寺 P105
湘南台文化センター P157
江島神社
P25・105
下寺尾官衙遺跡群(高座郡家) P69
旧南湖院第一病舎 P129
旧相模川橋脚 P158
相模国府跡 P69
旧横浜ゴム平塚製造所記念館 P129
横須賀水交社平塚集会所 P143
藤沢市
茅ヶ崎市
平塚市
厚木
圏央厚木
相武台下
入谷
海老名
座間
鶴間
246
さがみ野
大和
相鉄本線
東名高速道路
412
綾瀬
小田急江ノ島線
本厚木
厚木
海老名
相模線
厚木
愛甲石田
社家
厚木西
厚木南
門沢橋
東海道新幹線
長後
いずみ野
境川
いずみ中央
湘南台
倉見
71
伊勢原
寒川北
宮山
129
相模川
渋田川
寒川
寒川町
香川
寒川南
茅ヶ崎中央
1
467
藤沢本町
藤沢
北茅ケ崎
茅ヶ崎西
東海道本線
藤沢
小田急江ノ島線
境川
平塚
茅ヶ崎
134
鵠沼
茅ヶ崎海岸
平島
江ノ島電鉄
片瀬江ノ島
姥島
江の島
N
0
5km

蛭ヶ岳
東峰
高取山
丹沢山
白山
三峰山
大山 P24・70
塔ノ岳
日向薬師 P69
鍋割山
大山
大山阿夫利神社 P70
三ノ塔
阿夫利神社
大山寺
大山ケーブルカー
大山寺 P69・70
大山ケーブル
伊勢原市
伊勢原大山
秦野市
高取山トンネル
新東名高速道路
東名高速道路
伊勢原JCT
秦野丹沢
横野山王原遺跡 P167
伊勢原
246
新秦野
桜土手古墳群 P58
小田急小田原線
渋沢
平沢同明遺跡 P49
鶴巻温泉
鈴川
東海大学前
秦野
震生湖 P162
平塚
秦野中井
五領ヶ台貝塚 P34
松田
大井松田
271
相模金子
花水川
鷹取山
上大井
小田急小田原線
大磯
二宮町
御殿場線
大磯町
大磯
栢山
二宮
255
下曽我
酒匂川
小田原厚木道路
二宮
西湘二宮
小田原東
国府津
橘
西湘バイパス
鴨宮
1
六所神社（国府祭） P68
楊谷寺谷戸横穴墓群 P59
小田原
旧大隈重信別邸・旧古河別邸 P129

県央・県西エリア

東京都
寸沢嵐石器時代遺跡 P12・39
川尻石器時代遺跡 P37
津久井城 P93
月見野遺跡群 P39
田名向原遺跡 P12・38
勝坂遺跡 P12・38
芹沢地下壕 P27
厚木市
清川村
秋葉山古墳群 P59
海老名市温故館 P16
相模国分寺・
国分尼寺跡 P16・68
神崎遺跡 P48
羽根尾貝塚 P39
中央本線
京王線
小田急小田原線
横浜線
相鉄本線
相模線
東海道新幹線
東海道本線
小田急江ノ島線
新東名高速道路
東名高速道路
西湘バイパス
圏央道
相模川
大山
相模原
橋本
海老名
厚木
藤沢
茅ヶ崎
平塚
大磯
二宮
国府津
鎌倉
大船
戸塚
江の島
0
10km
N

滝子山
扇山
中央自動車道
談合坂
鶴川
上野原
相模湖
笹子
初狩
大月JCT
大月
猿橋
鳥沢
梁川
四方津
桂川
上野原
藤野
相模湖
相模原市
緑区
中央本線
都留
禾生
都留市
中央自動車道
富士急行
山梨県
道志川
三つ峠
東桂
寿
富士吉田西桂
大室山
袖平山
413
下吉田
富士山
御正体山
丹沢山
丹沢山地
塔ノ岳
菰釣山
石割山
138
山中湖
山北町
檜岳
山中湖
秦野丹沢
籠坂トンネル
丹沢湖
松田町
三国峠
不老山
高松山
文明堤 P167
新秦野
須走
谷峨
山北
東山北
駿河小山
渋沢
河村城 P93
松田
138
開成町
大井松田
福住旅館
（金泉楼・萬翠楼）P117
中屋敷遺跡 P49
大井町
足柄
246
酒匂川
上大井
足柄
御殿場線
大雄山
中里遺跡 P49
栢山
函嶺洞門 P166
南足柄市
御殿場
伊豆箱根鉄道
大雄山線
御殿場
最乗寺 P105
静岡県
小田原東
南御殿場
富士屋ホテル P129
小田原市
鴨宮
元箱根石仏群 P105
箱根湯本
小田原
富士岡
駒門
大涌谷
強羅
箱根旧街道 P23
箱根町
早川
箱根神社 P104
箱根登山鉄道
裾野
岩波
芦ノ湖
135
神奈川県立
恩賜箱根公園 P166
早雲寺 P93
根府川
箱根関所 P22
小峯御鐘ノ台大堀切 P92
裾野
湯河原町
石垣山城 P20・93
真鶴町
新東名高速道路
真鶴
小田原城 P20・92・167

県内のおもな祭礼・行事

開催日	名称	指定	場所	補足
●1月 14日	大磯の左義長	●	大磯町	14日が平日の場合は第3土曜開催
15日	チャッキラコ	●	三浦市	ユネスコ無形文化遺産代表一覧表に記載
●2月 中旬	世附の百万遍念仏	◆	山北町	土・日開催
●3月 27日	湯立獅子舞［仙石原神楽保存会］	●	箱根町	
●4月 第3土・日曜日	鍛冶屋鹿島踊り	◆	湯河原町	
●5月 4日・5日	関東の大凧揚げ習俗	■	相模原市・座間市	
5日	国府祭	◆	大磯町	
●6月 中旬	横須賀の虎踊	■◆	横須賀市	
●7月 14日	江の島囃子	◆	藤沢市	14日前後の土・日開催
15日	湯立獅子舞［宮城野獅子舞保存会］	●	箱根町	
第3月曜日（海の日）	茅ヶ崎海岸浜降祭	◆	茅ヶ崎市	
20日	三増の獅子舞	◆	愛川町	20日前後の日曜日開催
中旬	寺山神社の鹿島踊	◆	小田原市	土・日開催
27日・28日	貴船神社の船祭り	●	真鶴町	
下旬	相模のささら踊り	◆	藤沢市・秦野市・厚木市・海老名市・綾瀬市	「相模ささら踊り大会」にて開催
●8月 1日	吉浜の鹿島踊り	■◆	湯河原町	
1～3日	川崎山王祭りの宮座式	▲	川崎市	
6日、7日	西小磯の七夕行事	■◆	大磯町	東地区、西地区で開催。西地区は6日、7日に近い土・日開催
第1日曜日または第2日曜日	お馬流し	◆	横浜市	
第2土曜日	鳥屋の獅子舞	◆	相模原市	
第2日曜日	小向の獅子舞	◆	川崎市	
16日	三戸のオショロ流し	●	三浦市	
26日	下九沢の獅子舞	◆	相模原市	
下旬	大島の獅子舞	◆	相模原市	土曜日または日曜日に開催
28日	大山阿夫利神社の倭舞及び巫子舞	◆	伊勢原市	

●9月12日	菅の獅子舞	◆	川崎市	12日頃の休日
18日	御霊神社の面掛行列	◆	鎌倉市	
●10月第1日曜日	鉄の獅子舞	◆	横浜市	隔年開催
第1日曜日	初山の獅子舞	◆	川崎市	
上旬	牛込の獅子舞	◆	横浜市	神明社境内、鷲神社境内の2カ所で土・日開催
第3土曜日	善部妙蓮寺の曲題目	◆	横浜市	
23日	菊名の飴屋踊り	◆	三浦市	
●11月3日	室生神社の流鏑馬	◆	山北町	
—	山北のお峯入り	●	山北町	ユネスコ無形文化遺産代表一覧表に記載。不定期開催
—	相模人形芝居[下中座・長谷座・林座]	●	(下中座)小田原市、(長谷座・林座)厚木市	不定期開催
—	沖縄民俗芸能	◆	川崎市	不定期開催
—	小田原囃子	◆	小田原市	不定期開催
—	厚木大神楽	▲	厚木市	不定期開催。正月から2月まで開催
—	足柄ささら踊	■◆	南足柄市	不定期開催
—	相模人形芝居[前鳥座・足柄座]	◆	(前鳥座)平塚市、(足柄座)南足柄市	不定期開催
—	内山の「忠臣蔵踊り」及び「曽我の夜討ち踊り」	▲	南足柄市	不定期開催

※●：国指定重要無形民俗文化財
■記録作成等の措置を講ずべき無形の民俗文化財（国選択）
◆県指定無形民俗文化財
▲県選択無形民俗文化財

※神奈川県ホームページ「神奈川県文化財目録」（令和5年5月11日現在）、「神奈川県の無形民俗文化財」（令和5年1月25日現在）、文化庁ホームページ「国指定文化財等データベース」を参考に作成。

※諸事情により実施されていないものも含みます。

行政区画の変遷図

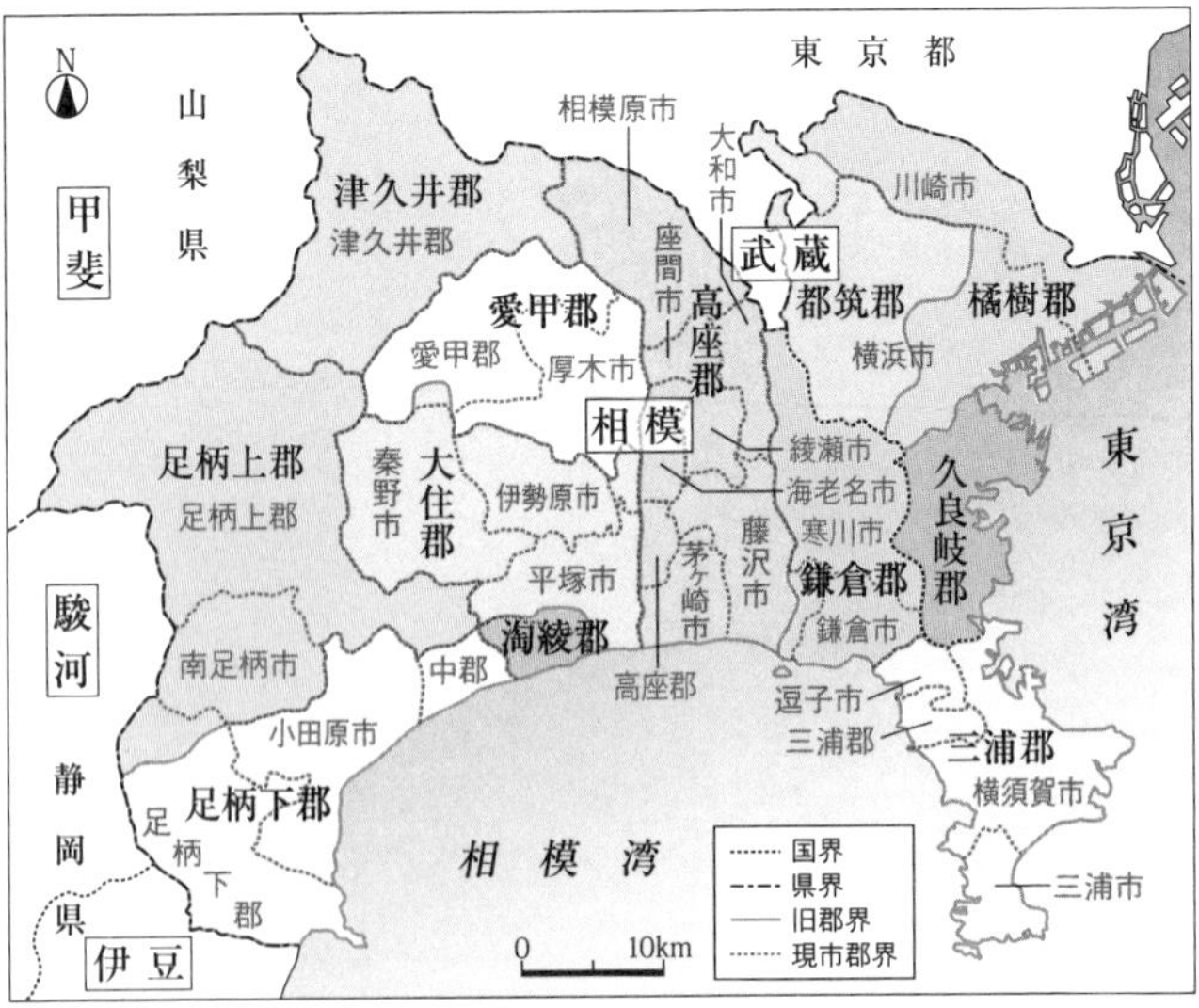

※『角川日本地名大辞典14　神奈川県』(KADOKAWA)、
『全国市町村要覧　令和04年版』(第一法規)などを参考に作成。

神奈川県の成立過程

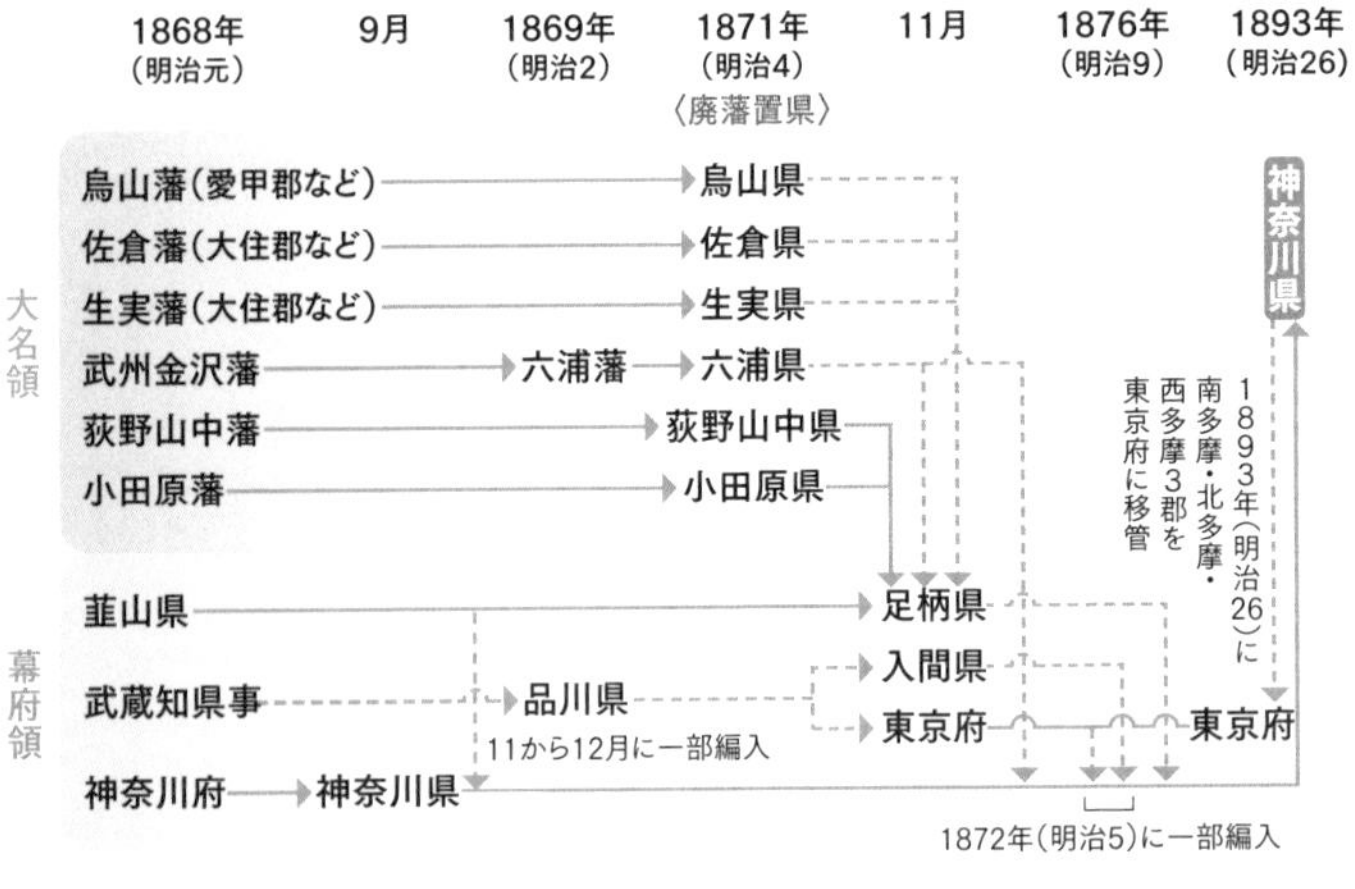

※点線は一部編入を示す。
※『神奈川県史』『神奈川県立公文書館紀要』(ともに神奈川県)などを参考に作成。

国・郡の変遷

<table>
<tr><th>国名 / 時期</th><th>古代</th><th>中世</th><th>近世</th><th>近代</th><th>現代</th></tr>
<tr><td rowspan="10">相模
（神奈川県域の郡）</td><td rowspan="2">高座
（たかくら）</td><td rowspan="2">高座</td><td>高座
（かうざ）</td><td>高座
（こうざ）</td><td>藤沢市・茅ヶ崎市・
相模原市・大和市・
海老名市・座間市・
寒川町</td></tr>
<tr><td rowspan="2">津久井県
（つくいけん）
（つくいがた）</td><td rowspan="2">津久井
（つくい）</td><td rowspan="2">相模原市</td></tr>
<tr><td rowspan="2">愛甲
（あゆかは）</td><td rowspan="2">愛甲</td></tr>
<tr><td>愛甲</td><td>愛甲
（あいこう）</td><td>厚木市・愛川町・
清川村</td></tr>
<tr><td>余綾
（よろぎ）</td><td>余綾</td><td>淘綾
（ゆるぎ）</td><td rowspan="2">中</td><td rowspan="2">伊勢原市・平塚市・
秦野市・大磯町・
二宮町</td></tr>
<tr><td>大住
（おほすみ）</td><td>大住</td><td>大住</td></tr>
<tr><td>足上
（あしのかみ）</td><td>足柄上</td><td>足柄上
（あしから
かみ）</td><td>足柄上
（あしがら
かみ）</td><td>南足柄市・中井町・
大井町・松田町・
山北町・開成町</td></tr>
<tr><td>足下
（あしのしも）</td><td>足柄下</td><td>足柄下
（あしから
しも）</td><td>足柄下
（あしがら
しも）</td><td>小田原市・箱根町・
真鶴町・湯河原町</td></tr>
<tr><td>鎌倉
（かまくら）</td><td>鎌倉</td><td>鎌倉</td><td>鎌倉</td><td>鎌倉市・横浜市</td></tr>
<tr><td>御浦
（みうら）</td><td>御浦
三浦
（みうら）</td><td>三浦</td><td>三浦</td><td>横須賀市・逗子市
三浦市・葉山町</td></tr>
<tr><td rowspan="3">武蔵
（神奈川県域の郡）</td><td>橘樹
（たちばな）</td><td>橘樹</td><td>橘樹</td><td>橘樹</td><td>川崎市・横浜市</td></tr>
<tr><td>都筑
（つづき）</td><td>都筑
都築</td><td>都筑</td><td>都筑</td><td rowspan="2">横浜市</td></tr>
<tr><td>久良
（くらき）</td><td>久良
海月
久良岐
（くらき）</td><td>久良岐</td><td>久良岐</td></tr>
</table>

※近代の郡制は1896年（明治29）の町村制の施行にもとづく郡を示す。
※『神奈川県史』（神奈川県）、『神奈川県の歴史』（山川出版社）、『郷土神奈川の歴史』（ぎょうせい）などを参考に作成。

主要参考文献

※五十音順

石川日出志『農耕社会の成立』(シリーズ日本古代史①)岩波新書、二〇一〇
小田原城総合管理事務所編『戦国大名北条氏の歴史―小田原開府五百年のあゆみ』吉川弘文館、二〇一九
柏木善治『埋葬技法からみた古代死生観―6～8世紀の相模・南武蔵地域を中心として』雄山閣、二〇一四
神奈川県教育委員会編『神奈川県の近代化遺産―神奈川県近代化遺産(建造物等)総合調査報告書』神奈川県教育委員会、二〇一二
神奈川県教育委員会編『神奈川県文化財保存活用大綱』神奈川県教育委員会、二〇一九　※神奈川県Webサイトで公開
神奈川県立近代美術館編『建築家坂倉準三 モダニズムを生きる―人間、都市、空間』(展示図録)アーキメディア、二〇一〇
鎌倉国宝館・鎌倉歴史文化交流館編『北条氏展』(展示図録)鎌倉国宝館・鎌倉歴史文化交流館、二〇二二
鎌倉文華館 鶴岡ミュージアム編『新しい時代のはじまり』(展示図録)鎌倉文華館 鶴岡ミュージアム、二〇一九
川島敏郎『大山詣り』有隣新書、二〇一七
川島敏郎『相州大山信仰の底流―通史・縁起・霊験譚・旅日記などを介して』山川出版社、二〇一六
川島敏郎「古記録からみた大山信仰の諸相―「大山寺縁起絵巻」・『大山不動霊験記』を中心にして」(『神奈川県立公文書館紀要』第六号、二〇〇八)
工藤雄一郎『旧石器・縄文時代の環境文化史』新泉社、二〇一二
佐々木健策『戦国期小田原の城と城下町―遺跡と景観にみる戦国大名』(山川歴史モノグラフ43)、山川出版社、二〇二三(近刊)
佐用泰司・森茂『基地設營戰の全貌―太平洋戰争海軍築城の眞相と反省』鹿島建設技術研究所出版部、一九五三
設楽博己『縄文 vs. 弥生―先史時代を九つの視点で比較する』ちくま新書、二〇二二
「湘南の誕生」研究会編『湘南の誕生』藤沢市教育委員会生涯学習課、二〇〇五
鈴木博之『現代の建築保存論』王国社、二〇〇一
鈴木博之・東京大学建築学科編『近代建築論講義』東京大学出版会、二〇〇九

鈴木靖民『相模の古代史』高志書院、二〇一四
鈴木良明『江島詣―弁財天信仰のかたち』有隣新書、二〇一九
田尾誠敏・荒井秀規『古代神奈川の道と交通』(藤沢市史ブックレット8)藤沢市文書館、二〇一七
高橋慎一朗『幻想の都 鎌倉―都市としての歴史をたどる』光文社、二〇二二
高村直助・上山和雄・小風秀雅・大豆生田稔『神奈川県の百年』山川出版社、一九八四
高村直助監修、財団法人横浜市ふるさと歴史財団編『開港150周年記念　横浜　歴史と文化』有隣堂、二〇〇九
田中宏巳『横須賀鎮守府』有隣新書、二〇一七
茅ヶ崎市教育委員会編『史跡　旧相模川橋脚』茅ヶ崎市教育委員会、二〇〇八
千木良雅弘・笠間友博・鈴木毅彦・古木宏和「1923年関東地震による震生湖地すべりの地質構造とその意義」(『京都大学防災研究所年報』第60号B、二〇一七)
寺田寅彦・宮部直巳「秦野に於ける山崩」(『東京帝國大學地震研究所彙報』第10号第1冊　東京大學地震研究所、一九三二)
中村勉『海に生きた弥生人　三浦半島の海蝕洞穴遺跡』(シリーズ「遺跡を学ぶ」118)新泉社、二〇一七
西相模考古学研究会編『弥生時代のヒトの移動―相模湾から考える』(考古学リーダー1)六一書房、二〇〇二
沼田頼輔「震災に由つて出現したる相模河橋脚に就いて」(『歴史地理』43巻3号　歴史地理学会、一九二四。『日本考古学選集5　沼田頼輔・関保之助集』一九七五に収録)
野田正穂・原田勝正・青木栄一・老川慶喜編『神奈川の鉄道　1872~1996』日本経済評論社、一九九六
箱根温泉旅館協同組合編『箱根温泉史―七湯から十九湯へ』ぎょうせい、一九八六
秦野市管理部市史編さん室『秦野の自然Ⅲ―震生湖の自然』(秦野市史自然調査報告書3)秦野市、一九八七
原淳一郎『近世寺社参詣の研究』思文閣出版、二〇〇七
日埜直彦『日本近現代建築の歴史』講談社選書メチエ、二〇二一
平塚市博物館編『大山の信仰と歴史』(展示図録)平塚市博物館、一九八七
広瀬和雄「海浜型前方後円墳を考える」(公財)かながわ考古学財団編『海浜型前方後円墳の時代』同成社、二〇一五)
松隈洋『残すべき建築―モダニズム建築は何を求めたのか』誠文堂新光社、二〇一三
野内秀明「軍事都市・横須賀の戦争遺跡(日本の戦争遺跡33)」(『月間社会教育』No.792、株式会社旬報社、二〇二二)

執筆者紹介　※五十音順

青木祐介　あおき・ゆうすけ　⬇P118〜129
一九七二年生まれ。横浜開港資料館・横浜都市発展記念館副館長

安藤広道　あんどう・ひろみち　⬇P144〜145
一九六四年生まれ。慶應義塾大学文学部教授

大倉　潤　おおくら・じゅん　⬇P162〜165(震生湖)
一九六七年生まれ。秦野市文化スポーツ部生涯学習課文化財・市史担当担当技官

大村浩司　おおむら・こうじ　⬇P158〜162(旧相模川橋脚)
一九五四年生まれ。茅ヶ崎市教育委員会文化財調査員

柏木善治　かしわぎ・ぜんじ　⬇P50〜59
一九七〇年生まれ。公益財団法人かながわ考古学財団事務局長

川本真由美　かわもと・まゆみ　⬇P132〜143
一九七七年生まれ。横須賀市教育委員会事務局教育総務部生涯学習課文化財係主査

栗田一生　くりた・かずお　⬇P94〜95
一九七二年生まれ。川崎市教育委員会事務局文化財課課長補佐

佐々木健策　ささき・けんさく　➡P84～93
一九七四年生まれ。小田原市文化部文化財課副課長

鈴木康弘　すずき・やすひろ　➡P96～105
一九五九年生まれ。箱根町立郷土資料館館長

田尾誠敏　たお・まさとし　➡P60～69
一九六四年生まれ。東海大学文学部非常勤講師

髙久　舞　たかひさ・まい　➡P168～169
一九八一年生まれ。帝京大学文学部講師

立花　実　たちばな・みのる　➡P70～71
一九六二年生まれ。伊勢原市教育委員会歴史文化推進担当部長

編者
谷口　肇　たにぐち・はじめ　➡P8～27、40～49、146～157、166～167
一九六三年生まれ。神奈川県教育委員会教育局生涯学習部文化遺産課副課長

丹治雄一　たんじ・ゆういち　➡Ｐ１０６～１１７
一九七三年生まれ。神奈川県立歴史博物館学芸部長

中川真人　なかがわ・まさと　➡Ｐ30～39
一九七八年生まれ。相模原市教育委員会主査（学芸員）

山本みなみ　やまもと・みなみ　➡Ｐ72～83
一九八九年生まれ。鎌倉歴史文化交流館学芸員

吉川利一　よしかわ・としかず　➡Ｐ１３０～１３１
一九六五年生まれ。公益財団法人三溪園保勝会事業課長

＊編者・著者プロフィールは、P186-188に掲載。

企画委員：山下信一郎・浅野啓介

編集協力：かみゆ歴史編集部（滝沢弘康、丹羽篤志）
図版作成：グラフ
地図作成：ミヤイン
組版：キャップス
装丁・本文デザイン：黒岩二三［fomalhaut］

日本史《にほんし》のなかの神奈川県《かながわけん》

2023年8月20日　第1版第1刷印刷
2023年8月31日　第1版第1刷発行

編　者　谷口　肇
発行者　野澤武史
発行所　株式会社山川出版社
　　　　東京都千代田区内神田1-13-13　〒101-0047
電　話　03（3293）8131（営業）
　　　　03（3293）1802（編集）
印　刷　半七写真印刷工業株式会社
製　本　株式会社ブロケード

https://www.yamakawa.co.jp/

 ISBN 978-4-634-24903-5

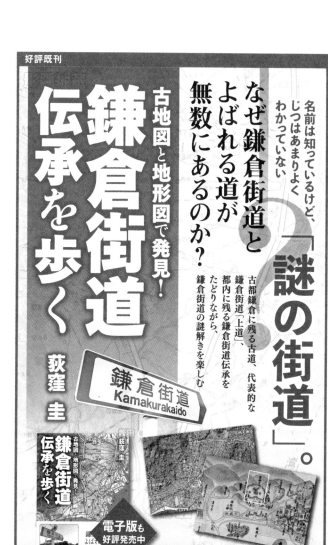